JN216078

ぼくの道

太田宏介

はじめに

太田宏介28歳。職業はサッカー選手。

10年前、Jリーグのプロサッカー選手になり、'16年1月からオランダリーグのフィテッセでプレーしている。

ここに至るまでには、さまざまな出来事があった――。


サッカー選手は小さい頃からの夢だった。でも、自分が想像さえしていなかったキャリアを築き、その道を歩むことができているのは、地道に積み上げてきた成果はもちろん、その都度、僕を支えてくれた方々のおかげだ。

高卒でプロの道へ進み、少しずつステップアップしながら結果を残してきた。そして、海外挑戦のチャンスを掴んだ。現在、多くの日本人選手が海外リーグでプレーする時代になり、「海外でプレーしたい」と志す人も増えただろう。海外移籍は20代前半での挑戦が当たり前となっているこの世界で、30歳を目前にして海外初挑戦というのも、比較的珍しいことではないだろうか。そういった意味では、新しい道を作ることができたんじゃないかなという自負もある。もちろん、大事なのはこれからの自分自身の活躍、成功だけど。

人それぞれ価値観が異なれば、置かれている環境も違う。だから、何が成功なのか、何が幸せなのかはわからない。僕の場合、周りの協力を得ながらひたむきにコツコツとやることが大事だと思い、助言してくれたことを信じてやり続けたことが実を結んだ。それが成功へと繋がり、こうして今、幸せを感じながら生活している。

太田宏介というサッカー選手が周囲にどう思われているのかはわからない。応援してくれるファン、サポーターの方はもちろん、サッカー選手になることを夢見ている子供たちや自分の将来を模索している人たちなど、いろいろな人にこの本を通じて〝太田宏介〟というひとりの選手を知ってもらい、こんな生き方もあるということを伝えることができたら、少しでも何かを感じ取ってもらえたらこれ以上嬉しいことはない！


本のタイトルになっている『ぼくの道』。

誰にでも自分だけの道があり、僕も己を信じその道を進んできた。

これからもその道を信じ、迷うことなく前進する。そんな確信を持って、この先の人生もしっかりと歩んでいきたい。

第1章

プロになるまでの道のり

将来の夢

1987年7月23日、僕は神奈川県横浜市で生まれ、東京都町田市で育った。町田はサッカーが盛んな地域ということもあって、幼い頃からサッカーボールが常に身近にあった。あまり記憶には残っていないが、その頃からボールを蹴るのが楽しみで仕方がなく、当時流行していたファミコンといったゲームや漫画には目もくれず、毎日洋服が真っ黒になるまでサッカーボールで遊んでいたものだ。

久しぶりに幼稚園年長の頃のアルバムを開いてみたら、こんな夢を書き残していた。

「ドラゴンボールになること」

作品に登場するキャラクターではなく、どんな願いでもひとつだけ叶えてくれる、あのドラゴンボールだ。たぶん、主人公の孫悟空をイメージしながら書いたと思うんだけど、どうしてそうなったのか（笑）。大人になってアルバムを開いた時は、「なんてバカなことを書いていたんだろう……」と、ちょっと恥ずかしくなった。

でも、当時は真剣そのもの。ドラゴンボールのように、人の願いを叶えさせたいという思いからか、それとも別の理由なのかは定かじゃないけれど、幼い頃の夢のひとつだった。そんな〝将来の夢〟の中でも、やっぱり本命は〝サッカー選手になること〟。これはずっと変わることのない夢だった。

'93年、僕が6歳の時にJリーグが開幕した。幼いながらも、それがどれだけ大きな出来事だったのか理解していたように思う。自分が住む街の近くにJリーグのチームがあるのだから、気分が高まるのも仕方ない。Jリーガーになることはサッカー少年だった僕の夢でもあり、憧れだった。

当時好きだったチームはヴェルディ川崎（現東京ヴェルディ）。開幕戦のカードだった横浜F・マリノスとヴェルディ川崎の試合は特に印象に残っている。カズさん（三浦知良・現横浜FC）やラモス瑠偉さん（現FC岐阜監督）など、スター選手のプレーには目が釘付けとなり、自然と惹かれていった。

「いつかは自分もプロの選手になるんだ！」

プロ選手のプレーを目の当たりにし、刺激を受けた僕の夢は広がるばかりだった。テレビ観戦はもちろん、試合会場にも足を運んだ。当時はJリーグが大人気でチケットはプレミア化し、チケットを入手するのはそう簡単なことではなかった。チケット発売開始のタイミングと同時に、親とひたすら電話をかけ続けたものだ。ようやく電話が繋がり取れたチケットが、'95年に国立競技場で行われたヴェルディ川崎対清水エスパルス戦だった。僕にとってスタジアムで初観戦となった一戦だ。

試合は90分間で決着がつかず、PK戦へ突入すると、清水のゴールキーパーだったシジマール(・アントニオ・マルチンス)が相手選手のキックを止めて清水が勝利。国立のバックスタンドのめちゃくちゃ上のほうで観戦していたからすごく見えにくかったけど、終始大興奮だった。サッカー選手ってかっこいいな——。強烈な印象が胸に深く刻まれる出来事となった。

プロ選手への目覚め

小学生の時に所属していたつくし野SSSは、火、金、土、日の週4回が練習日だった。

町田市の予選を勝ち抜いて都大会でもいいところまで勝ち上がるチームで、地元の高校生が中心となった学生コーチがサッカーを熱心に教えてくれた。6～8歳年上のコーチは、コーチと言うよりも〝お兄さん〟という感覚のほうが強かったように思う。そして〝楽しく〟をモットーにしていたチーム。サッカーだけでなく、キックベースやかくれんぼで練習が終わった日もあったかな（笑）。そこでサッカーの楽しさを知れたのは大きかったかもしれない。

つくし野SSSの練習日以外も、夕方6時のチャイムが鳴るまで公園でひたすらサッカーをして、常に外で遊んでいた記憶ばかりだ。習い事の記憶といえば、水泳。小さい頃は泳ぐことが大の苦手で、小学校の体育の授業で泳ぐことができず、それが恥ずかしくて3、4年生の頃にはスイミングスクールに通っていた。25mを泳ぎきるまでなんと、1年間もかかってしまったけれど（笑）。それでも〝唯一の弱点〟ともいえる水泳をどうしても克服したかった。

5年生になるとFC町田という町田市の子供たちを選抜したチームにも参加することとなった。水曜日がFC町田での練習となり、週5日がサッカーの練習というスケジュール。また、地域選抜の練習にも参加した。その練習場所は読売（現東京ヴェルディ）のグラウンドを使用していた。練習はもちろん、筋トレルームなどの施設が外から見える作りになっていて、通路を通る度に、第一線で活躍するプロ選手たちの姿を見つけてやたらと興奮したものだ。

当時は、ヴェルディジュニアに所属していた同じ年齢の喜山康平（現松本山雅FC）や弦巻健人が、スター選手と同じ練習着を着ていることがすごく羨ましく感じたし、かっこよくも見えた――と同時に、彼らに強いライバル心を抱くようにもなった。

「負けてられない。こいつらに勝って自分もこういうところでサッカーがしたい！」

今考えると、これが〝プロの選手になる〟という目覚めの第一歩だったのかもしれない。ちょうどその頃、中学受験を想定して塾通いをしていた僕は選抜チームにも入ったことで、塾よりも日々の練習で多忙になった。「サッカーを頑張るから」と親に宣言したのは5年生の時のこと。自ら塾を辞めることを選択した。まだ小学生ではあったけれど、小学生なりに〝サッカーへの覚悟〟を持って決断を下したように思う。

成功している人たちの言葉

毎年、年始には町田出身のJリーガーとFC町田ゼルビアが対戦する、町田サッカーフェスティバルが行われていた。この行事は地元の子供たちの大きな楽しみのひとつで、僕も毎年この日が来るのを心待ちにしていた。イベント当日は、パンフレットを購入すると参加選手のサイン会に参加できることになっていて、間近でJリーガーと接することができるのが何よりも嬉しかった。当時もらったサイン色紙は宝物のように大切にしていたし、プロの選手たちを身近に感じ、「自分もこうなりたい！」と激しく憧れたものだ。

思い出深いのは北澤豪さんや林健太郎さんが参加していた時。北澤さんが発したこんな言葉に大きな刺激を受けた。

「たくさんボールを蹴って、みんなが遊んでいる時間こそサッカーと向き合うといい。とにかくたくさん練習しな！」

早速、翌日からその言葉を実践。その後、1、2週間くらいはとにかくボールを蹴りまくっていたことを覚えている。自分が感銘を受けた人の言葉はどこまでも信じる傾向があって、その時も猛烈に練習に励んだものだ。

数年後、高校3年生の冬。同じ町田サッカーフェスティバルで北澤さんに会う機会があり、横浜FCへ加入することを報告させてもらった。

「プロになることが決まりました。Jリーグに行きます！」

ちょっと緊張して声が上擦る僕に、北澤さんは再び、こんな言葉を贈ってくれた。

「横浜FCはこれから絶対に良くなるチーム。カズさんもいるし、本当にたくさんのことを学ぶことができると思う。いいサッカー人生が待っているよ」

何気ないひと言ではあるが、成功している人たちの言葉にはやはり重みがある。この時に掛けられた言葉は自分の頭の中にしっかりとインプット。そしてこの先、この言葉の意味を改めて噛みしめることになる。

「どうすればキックが上手くなるんですか？」

今では自分も子供たちからこういった質問をされる。そういう時は「誰よりもたくさんボールを蹴って、練習しな」と答える。そう、僕が小学生の時に北澤さんに掛けられた言葉と同じものだ。

当時、選手から掛けてもらった言葉や、「あの選手、優しかったな」「ちょっと怖かったな」など、選手から感じ取った印象は大人になった今でも心の中に残っている。

だから今、自分と接する子供たちもいろいろと感じ取っているんだろうなとも思う。自分もそういった機会にプロの選手たちから夢や希望を与えてもらったからこそ、今度は僕が子供たちに〝夢や希望を与える〟ということを心掛けて接したいし、適当な返事や中途半端なことはできないと考えている。それはプロ選手になった自分たちができることであり、責任でもある。

応援し続けてくれる恩師

'00年3月、僕は町田市立小川小学校を卒業した。卒業して15年以上経つが、6年生の時の担任だった恩師・臣節子先生とは今も連絡を取っている。わずか1年間だけだったけど、臣先生との思い出は深い。僕はあまり注意されるタイプではなかったけれど、臣先生はとにかく厳しくて生徒にたびたび雷を落としていたというイメージが強い。でも、褒めるところでは褒め、ダメなものはダメと叱る。そんなメリハリのある先生だった。だからこそ、周囲からの人望も厚く、自分も含め、多くの生徒から慕われていた。

当時、僕がテレビ番組に出演する機会があった時、まるで自分の息子が出演するかのように喜んでくれた。周りの先生たちにも話をしてくれたり、教室の後ろの黒板に「宏介がテレビに出演します」と書いてくれたり。本当に優しい先生だった。

サッカーの遠征等で修学旅行や林間学校などの学校行事に参加することがなかなかできず、学校を休むことも多々あった。サッカーのチームメイトの学校にはそういった理由で欠席することに対して理解のないところもあったようだが、臣先生はそういう時も気持ちよく学校から送り出してもらえるよう、積極的に周囲に働きかけてくれてもいた。

「宏介はサッカーで頑張りなさい」

その言葉が小学生の僕にとってどんなに心強く、そしてどんなに嬉しかったことか。

短い時間だったけれど、先生とはその月日以上の絆が生まれたように思う。だからこそ、

1997年11月、自宅にて日本代表ユニフォーム着用。

卒業を迎えた時はなんとも言えない寂しさがこみ上げてきた。せめて卒業式ぐらいは感傷に浸りたいなぁとも考えていたけど、実際は式直後にサッカーの遠征があってそれどころではなかった。「中学校も同じ学区内だから、またすぐに先生とも会えるだろう」と、心のどこかにそういう気持ちもあったと思うけれど、実際に先生に会ったのは卒業してから6~7年後。プロになってからだった。

小学生の頃から言い続けてきた「プロのサッカー選手になる」という夢を果たし、自分の夢を応援し続けてくれていた臣先生に改めてお礼が言いたかった。今思えば、すぐに会いに行かなかったのは無意識ながらも、「夢を達成するまでは……」と自分の中で決めていたからかもしれない。夢を掴み、先生にいい報告ができて本当に良かった!

それ以来毎年、地元に帰る時には臣先生のところへ挨拶に行く。それがひとつの楽しみにもなっている。先生は、「小学生時代の宏介はクラスを盛り上げて、勉強もしっかりして、みんなに優しい生徒だった」と僕のことを5割増しくらい褒めながら、受け持っている教え子たちに今も話をしてくれているようだ。ちょっと照れくさいけど(笑)、でもやっぱり嬉しいものだ。

臣先生には温かく、大きく包み込むような優しさと厳しさがある。第二の母じゃないけれど、毎年先生に会いに行く理由はそんなところに惹かれる部分もあるのかな。それと、後々知ったことだけど、実は臣先生と僕は家庭環境が似ていて、話をすると共感できるところがあり、自分と重なる部分が多かった。そういった共通の背景も関係しているのかもしれない。

幼い頃から関わりのある人たちとは、今でも交流がある。通っていた幼稚園や臣先生がいる小学校に行って子供たちの前で授業をしたり、一緒に駆けっこやボールを使って遊んだり。みんな今でも僕を応援してくれるだけでなく、少し調子に乗っていると叱ってくれる。叱ってくれる人って、大人になればなるほどいなくなるけど、自分の周りには本気で叱ってくれる人がいる。しかも、ひとりやふたりではない。本当にありがたいことだし、自分を見直すいい機会にもなる。人との出会いにはそれぞれ意味があって、僕の場合は、自分を成長させてくれる人との出会いに恵まれているんだなと、身に染みて感じている。

この先もずっと、この出会いは大切にしていきたい。

練習に身が入らなかった中学時代

小学6年生の時、東京都選抜、そして関東選抜入りを果たした。その中の10人がFC町田へ加入。タレント的に揃ったすごくいいチームだったけれど、中学に上がるとサッカーを辞める人もいれば、少し道を逸れる人も現れるようになった。僕は道を逸れることはなかったけれど、「練習に行きたくない」と唯一思うことがあったのがこの中学時代だった。練習には参加していたけれどなんとなく身が入らない。地域選抜で一緒になった選手がU－15日本代表に選出される姿を目の当たりにして「すごい」とは感じても、「自分もそこに行きたい」という気持ちはあまりなかった。僕の周りも同じ気持ちだったのか、いいチームだけど強くなかったし、都大会でも1回戦、2回戦で敗れていた。

「自分がチームを強くするんだ！」

そういう気持ちがまったくなかったというわけではない。自分がチームの中心だという自覚もあったが、本当に勝てなかったし、勝利にこだわりを持てなかった。

正直、中学時代は自分の中で努力をした記憶もない。1年生の途中から3年生の試合にも出場させてもらって、試合に出られるという現状に満足し、上を目指すハングリーさに欠けていた。横浜F・マリノスのユースにいた幼なじみの秋元陽太（現FC東京）らが世代別代表に選ばれ、みるみる差をつけられても、「追いつけねぇな」と少し諦めた気持ちになるだけで、特にショックは受けなかった。さらに当時は自分自身思うように身長が伸びず、周囲との体格差に悩まされていた。中学の時は最も体格差が顕著に現れる時期で、劣等感に似た感覚もあったのかもしれない。とにかく日々の練習をただこなしていただけだった。

「プロサッカー選手になりたい」

その気持ちが揺らぐことはなかったけれど、実現できるかどうかは、自分自身も定かではなかった。当時、プロのサッカー選手になれる人とはこんな人だと思っていた。

・桐蔭学園や桐光学園などサッカー名門校に進学し、高校選手権で活躍する人
・Jリーグの下部組織であるクラブユースで活躍している人

そういった選手こそがゆくゆくは日本代表になれるのだろうとも思っていた。だから、漠然と「強い高校に行ってサッカーがしたいな」と考えてはいたが、かといって、強豪校

から具体的な話があるわけでもなかった。

中学1年の時にヘルニアの一歩手前、腰分離症を患って半年ぐらいサッカーができない時期があった。そんな状態でも練習に参加しなければならず、グラウンドには毎日行っていた。町田駅から練習場まではバス移動。僕はいつも時間ギリギリまでゲームセンターで遊んでから練習場に向かった。練習を見学して、終わればすぐに帰宅。毎日がその繰り返しだった。今振り返ると、体が故障していてもできることはたくさんあっただろうし、そこでもっと努力していれば、プロサッカー選手になるための手段の選択肢が広がっていたかもしれない。たられればにはなってしまうけれど、もっと自分にできたことがあったんじゃないかと、今は少し後悔をしている。

実は、川崎フロンターレU－18のセレクションを受けたこともあった。結果は不合格。練習では最初のアップ程度しか参加できず、その後のミニゲームや紅白戦でほぼ絡めなかった僕は、つまり、まったく相手にしてもらえなかったのだ。その時ばかりは「もうプロサッカー選手になるのは無理だろう」とさえ覚悟した。ユースに行けないとわかった時点で、自分の夢を半分諦めかけていた。そんな時、原点を思い返した。

「なぜ自分はサッカーをやっているのか。なぜ自分はサッカーがやりたいのか」

答えは簡単なことだった。

「サッカーが大好きだから」

諦めかけていた気持ちが前を向いた瞬間だった。

プロになるためのスタート地点

中学3年生の時に両親が離婚した。

金銭的な余裕はなく、中学時代サッカーで特に目立った成績を残していなかったこともあり、進路に迷っていた。学費等のことも考慮すると私立の強豪校への進学はあまりにも現実味がない。そんな折、サッカー仲間のひとり小林悠（現川崎フロンターレ）のお母さんが「一緒に渕野辺高校（現麻布大学附属高等学校）に行かない？」と僕に声を掛けてくれたのだった。さらに、FC町田で一緒にサッカーをしていた仲間も揃って渕野辺高校へ進学することがわかり、僕は渕野辺高校へ進学することに決めた。

当時の渕野辺高校は体育コースを新設したばかりで、その1期生として入学した。サッカー部は30～40人ぐらい。うちの家庭事情を知る石井（孝良）監督のおかげで、幸いにも特待生として入学することができ、金銭的な負担を軽減することができた。

特待生とは入学試験や在学中の成績優秀者等に対して、学費の一部、もしくはすべてが免除される制度で、特別な待遇を受ける学生のことだ。

高校に入る前、まだそこまでじっくりと自分のプレーを見たわけでもなかったはずなのに、石井監督は奔走してくれた。そんな石井監督や僕たち家族を援助してくれた方たちの思いにはどうしても報いたかった。16歳になる僕は、そこではっきりと気持ちを固めた。


「絶対にプロにならなければならない」

プロになるためのスタート地点としては、きっと同じ夢を追いかけるみんなからは遠くかけ離れていたと思う。しかし、だからといってそれを言い訳にもできなければ、弱音も泣き言もこぼしていられるような状況でもない。必ず実現させる。「やるしかないんだ」

と自分に言い聞かせた。

かけがえのない仲間たち

渕野辺高校入学後、全国選手権大会に出場することを目標とした。同学年の仲間も同じように、全国大会に懸ける思いは強かった。ただ、チーム全体が同じ思いだったかといえば、そこには若干の温度差もあったように思う。それも関係してか、1年生の時の選手権県予選では早々に敗退してしまった。

2年生に進級し、新チームがスタートした。みんなやる気には満ち溢れていたが、どういうレベルに到達すれば全国大会に出場できるのか、まったく予想できなかった。さらに、自分たちの目の前には、田中裕介くん（現セレッソ大阪）擁する桐光学園という強敵が立ちはだかった。まさに高校生離れという言葉がふさわしいくらい、当時の僕から見ると何もかもが突出している存在。同じ高校生とは思えないほど体はたくましかった。桐光学園と対戦すると、まるでサッカーとラグビーチームが戦うような、それほど体格差があるようにも思えた。

「今年は桐光学園が全国大会に出場するんだろうな」

そんな弱気な気持ちが頭をよぎることもあったが、全国大会出場に懸けるチームみんなの思いの強さは尋常じゃなかった。自分で言うのもなんだけど、死に物狂いで努力したと自信を持って言える。その結果、見事全国大会初出場。誰にも負けたくないという思いで、きつい持久走でも常に先頭を走り、闘志をむき出しにしていたが、それが初出場に繋がったという自負もある。

全国大会に初出場した時のメンバーは半分以上が自分たちの学年からだったが、あくまでも中心は3年生。注目を浴びるのは先輩たちだった。もちろん、初出場の嬉しさは素直に感じていたけれど、その一方で、「このままでは終われない。また来年も出場するんだ」という思いが心を大きく占めた。

最上級生の3年生になると全国大会への思いはより一層、強くなった。自分たちの代で負けるわけにはいかない。みんなプライドがあったから、自然と意識も高くなり、どんなに苦しくつらい練習にも耐えた。

幸運だったのは、同じ学年にプロ入りを目指していた悠と小野寺達也（現V・ファーレン長崎）がいたことだ。もちろん、ふたり以外にも真剣にプロ入りを考えている選手が多かったことは、自分の意識を高く維持する大きな要因になっていた。切磋琢磨してお互いを高め合う。そんないい関係が築けていたし、彼らとの関係性もまた、僕を大きく成長させてくれた。

そんな高校時代の友達との結びつきは今も深い。サッカー部で一緒だった仲間とは、体育コースで3年間同じクラスでもあった。授業が終われば部活に行き、練習が終わればみんなで一緒に帰る。その12時間後にはまた学校で顔を合わせて……。そんな毎日を3年間一緒に過ごしたから、絆も深まったと思う。練習が終わった後に、部室で他愛もない話をしたり、遊んだりしたことも懐かしい。なんでも言い合えるかけがえのない仲間だ。

卒業してからも毎年、忘年会を開くなど定期的に会っているし、連絡もマメに取り合っている。あいつらに会って話をするのは本当に楽しい。お互いに切磋琢磨していた充実の高校時代。今は、プロのサッカー選手となった僕や悠、小野寺達也以外にも、他業種でそれぞれ成功している人が多い。みんな仕事や目標は異なるが、今でも彼らから大きな刺激を受ける。

「僕も、もっと頑張ろう」

過去、現在、そしてこれからもきっと、そう思わせてくれるかけがえのない存在だ。

プレースタイル確立

僕は中学まではトップ下を務め、ずっと背番号「10」をつけていた。高校でもそういうイメージを持っていたが、足が速いからという理由で、左サイドハーフでプレーすることになった。左足でのボールの扱いが周囲に比べて上手かったのも関係していた。とにかくドリブルで勝負してクロスを上げる。最初は少し違和感があったけれど、徐々にではあるが、自分のプレースタイルというものが確立しつつある時期だったように思う。

渕野辺高校に進学していなかったら、ずっとトップ下でプレーしていたかもしれない。もしそうしていたら、周りからどんどん上手い選手が出てきてそのうち、「真ん中でプレーしていたら絶対に生きていけないな」と感じるようになり、ダメになっていたような気がする。もともとメンタルが強い選手ではないから、しっかりと腐っていたかな（笑）。

高校2年の時、国体のメンバーに入ることができたのは、ひとつの大きなターニングポイントになった。国体のメンバーには、横浜F・マリノス、川崎フロンターレ、湘南ベルマーレのユースや、桐蔭学園、桐光学園といった錚々たるチームから選手が集結。その中に強豪校でもない自分ひとりだけがぽつんと入っていた。周りの選手のレベルが非常に高く、練習はとにかく楽しくて仕方なかった。

人生で初めて左サイドバックでプレーしたのが、この国体のメンバーに入った時だった。自分が高い位置を取った時にいいパスが出てくると、そこで勝負し、ゴール前へクロスを上げる。そして、そのボールに合わせて中にいる味方選手が点を取ってくれる。そういったプレーを繰り返すことで、パス1本、クロス1本の質にもさらにこだわりを持ち始めるようになった。

もちろん、ユース組の選手や強豪校の選手たちとプレーすることで、「こんなんじゃ通用しない」と、自分のプレーに対する危機感も持ったし、自分自身の中の意識もあきらかに向上した。そんな危機感がさらに自分の成長を促してくれた。

自分の武器を作る

チームに戻ると、Jリーグクラブのスカウトが自分を評価してくれる声も徐々に増え始めていた。国体、地域の選抜大会など、僕はここぞという場面で点に絡み、重要なシチュエーションで常に調子が良かった。〝運がいい〟というひと言で片付けるのはあまりにも容易すぎるが、そういった〝勝負運〟を持っていたのかもしれない。

誰もが認める力を持っていても、試合で発揮できない選手、またはここぞという時に勝てない選手も少なくない。もちろん、負けてチャンスがなくなるわけではないけれど、「初めて出た試合」で勝つか負けるかは、実はとても重要なことだ。ターニングポイントと呼ばれるところで自分は、常にポジティブな結果を出し続けられたことはプラスに働いていたように思う。ただ、そういったポジティブな結果を出し続けるためにも、自分の武器は作らなければならないと考えていた。

そこで左利きの僕が考えたのは、右足をまったく使わないことだった。昔、テレビ番組で『天才レフティー・名波浩は右足でリフティングができるのか』という企画を行っていた。座りながら右足でリフティングする名波さん（現ジュビロ磐田監督）は、すぐにボールを落としてしまうんだけど、左足ではずっとリフティングを続けられる。それを見てこんなことをひらめいた。


「よし、左足のキックの精度を極めよう！」

時には右足でも練習しろと指導者に言われたこともあったけれど、頑なに左足だけを使うことにこだわった。ボールをセットした状態から左足でさまざまなボールが蹴られるよう、練習にも工夫を凝らした。高校のコーチの繋がりで、エドゥー（元日本代表監督・ジーコ氏の実兄）が練習を見に来てくれた時にはアドバイスを積極的に求めた。その言葉を信じて練習すれば、成長する。そう確信を持って、ひたすらキックの練習に邁進したものだ。

結果的にそうして自分の武器に気付けたことで、プロになれたのかなとも思う。当時は足が速くて左利きの選手は少なかった。もし、僕が右利きだったとしたら……。きっと同じ人生を歩むことはできていないと思う。幼い頃から左足が得意で、キックは誰にも負けないという自信があったからこそ、自負していたからこそ、それを伸ばすことができた。まずは左利きに生まれたことに感謝！　左利きではなかったら、きっと僕はサッカー選手になっていなかっただろう。

高校卒業後の進路

高校時代、絶対にプロになるという強い気持ちは持っていたけれど、一方で、保険というわけではないが、プロになれなかった時のことも考えていた。さまざまな選択肢を視野に入れ、勉強も手を抜かなかった。僕は何事も中途半端に終わらせたくない性分で、一度はまると、とことんやらなければ気が済まない。勉強も例外じゃない。それに勉強すること自体、嫌いではなかった。授業内容をポイントごとにまとめたノートは、よく友達にコピーしてあげたりもしていた。時にはその友達が、僕よりもいい点数を取ることもあったりして悔しかったな（笑）。いつも上位5人の名前が掲示板に張り出されていて、それは意識していたかも。1位になりたいというわけではなかったけれど、〝できる生徒〟の中にいたいというのが当時のポリシーだった。

与えられたものはきっちりとやり遂げるタイプ。だからこそ、学校のテストでもしっかりと結果を出したい気持ちは強かった。特に、自分は特待生という立場だったし、学業とサッカーを両立することは常に頭の片隅に置いていた。それに加え、当時のチームの決まりで赤点を取れば丸刈りにならなければならなかったのだ。それは絶対阻止したかった。

高校卒業後の進路を決める時。国体や選抜などで僕のプレーを見ていくつかのクラブが自分に興味を持っているという噂は聞いていたが、Ｊリーグのクラブから正式なオファーはなかなか届かなかった。

そんな中、のちに横浜ＦＣの監督を務める都並（敏史）さんが当時、監督を務めていたベガルタ仙台の練習に参加したこともあった。都並さんは僕を推してくれていたらしいが、結局、仙台への加入には至らなかった。渕野辺高のコーチだった安彦篤さんが、大宮アルディージャに練習参加する段取りをつけてくれていたこともあった。しかし、練習参加する前の週に捻挫をしてしまい、チャンスをものにすることができなかった。

大学への進学も検討していたけれど、家庭に経済的な余裕がなく、働くことも選択肢のひとつとして考えていた。空港で働く人がかっこいいと思っていた僕は航空系の専門学校を調べたこともあったな（笑）。でも、いざ進路のことを母に相談すると、「親のことは気にせず、サッカーを続けなさい」と、大学への進学を強く勧めてくれた。

いくつかの大学でサッカーの練習を見学し、実際に参加もした。その中で自分が選択した大学への願書を記入し、学校に提出しようとしていた11月のある日。まったく予想していない出来事が起こったのだ。

僕は授業を終え、サッカー部の仲間たちと練習に向かおうとしていた。すると、見慣れないスーツ姿の男性が体育教官室の前に立っているのだ。その男性は教官室に入っていくと、随分長い間、話し込んでいる様子だった。練習開始時刻になっても、石井監督がなかなか部屋から出てこない。一体、何があったんだろう。異様な雰囲気に包まれる中、そのスーツ姿の男性が横浜ＦＣのスタッフだとマネージャーが突き止めた。男性が教官室に入ってから30分後。目を疑うような光景が僕の視界に飛び込んできた。

「えっ？　なんでここに!?」

仕事に行っているはずの母親が教官室へと入っていくのだ。すると練習の途中、今度は僕が呼ばれた。教官室に入るとそこには当時、横浜ＦＣの強化担当を務めていた神野卓哉さん（現ＡＣ長野パルセイロ強化部長）がいて、石井監督、神野さん、母の３人が向かい合って話をしていた。状況を飲み込むのに時間がかかったけれど、どうやら僕は獲得オファーの話をいただいたらしい。家庭の事情を考えると、高校を卒業するタイミングでプロになることがベストだと常々思っていた。だからこそ、神野さんからオファーをいただいた時は天にも昇るような気持ちだったし、その場で「行きます！　よろしくお願いします！」と即答したのだった。

「幼い頃からの夢がついに実現するのか」

プロ選手になるという夢を諦めていたわけではなかったけれど、現実的には大学に進学してからだと思っていた。それだけに、言い表せないような嬉しさがこみ上げてきた。大げさかもしれないが、18年間生きてきた中で最も幸せな瞬間だった。

横浜FCとの契約に至るまでには、いろいろなことがあった。だからこそ、最後の最後で横浜FCから話をもらった時はまさに感無量。横浜市内のホテルに入っている中華料理店の一室で行われた仮契約では、契約書を前に、自分がプロになることを改めて実感したものだ。

「これからはプロとして、サッカーでお金をもらうことになるんだな」

目標にたどり着いた達成感。そしてこれからが本当のスタートなんだという身の引き締まる思いが、心の中を大きく占めていた。

Episode 1

Setsuko Omi's Voice

臣 節子 先生

「自分が進むべき道を冷静に見据え、〝自分の生き方〟をしっかりと設計している」

太田くんを担任したのは、小学6年時のたった1年間という短い期間でしたが、私にとってとても強く記憶に残る生徒、クラスとなりました。クラス40名のうち男子が28名、女子12名と圧倒的に男子の数が多くてパワフルだったこともありますし、彼らはみんな何事も優秀で、大きな可能性を感じさせてくれる学年でしたからね。

小学生の頃の太田くんはサッカーが上手なこともあって、クラスの中でも特に男子には一目置かれる存在ではありました。もちろん、男子だけではなく女子とも仲良くできる。決して「俺が、俺が」と先頭を切って何かをやるタイプではありませんでしたが、穏やかにみんなを見守るような感じで。周囲とのバランスを上手く取ることに長けている少年でしたね。

印象深いのが、体育の授業でサッカーを行った時のこと。よくスポーツが得意な子は積極的に目立ち、逆にあまり得意としていない子はじっとしていることが多いのですが、太田くんはそういったところで、一切自分の自慢をしなかった。サッカークラブにも入っていましたのでサッカーは上手だったんですが、授業では活躍したり、かっこつけたりもしませんでした。

ある時、私は不思議に思って理由を聞いてみると、「僕が活躍するところはここじゃない。だから今はみんなのフォローに入る。体育の授業だからみんながやりやすいようにやらないと楽しくないから」と言うんです。現にその言葉通り、あまりサッカーが得意ではない男の子やサッカーに接することのない女の子も楽しくできるよう、〝影武者〟じゃありませんが、ボールを回したり、蹴りやすいようなパスを出したり……。とにかくみんなが楽しめるようにという気持ちが第一にくるんですよね。太田くんがそういったスタンスで取り組んでいたので、彼以外にサッカークラブに入っている子供たちも、自然とそうなっていました。もちろん、スポーツは得意なので、運動会などでは大活躍していましたが、どんな時もみんなで楽しむことが基本にあり、それを決して忘れない。だからこそ、周りの子供たちからも信頼されていたんだと思います。


太田くんを怒った記憶はほぼありません。誰かと喧嘩をしているような場面を見たことも一度もありませんでした。そもそも、注意すべきことがなかったんです。勉強でも生活の面でも、自分がやらなければいけないことは絶対に忘れない性格。言われたことは必ずやる少年で、合理的というか、余計なロスもしない。時間の使い方が非常に上手でしたね。宿題を忘れてきたということもなかったと思います。字もものすごく綺麗でしたし、机の中や棚もいつも整頓されていました。手先も器用で、家庭科の授業で作った刺繍も見事な仕上がりでした。たぶん、女の子以上にできてしまうくらい器用だったかもしれません（笑）。

本当に賢い子だと思いますね。頭がいいとか偏差値が高いとかそういうことではなく、よく考えることができ、自分をわきまえられるという部分は、太田くんの魅力のひとつだと思います。「今自分がやるべきことは何なのか」。それが常に頭の中にある。それは今もきっと変わらないからこそ、やり続けられているのかもしれません。どんなに変化が訪れても、何かに染まって自分を見失うことはないでしょうし、自分が進むべき道を常に冷静に見据えているはず。今はサッカー選手として全力で目標に向かって邁進していると思いますが、その中でも地に足を着けて、〝自分の生き方〟をしっかりと設計しているんじゃないかな。だから、オランダに行ってもなんの心配もありませんし、この先の人生に関しても同じことが言えると思います。

「プロサッカー選手になる」という夢は、小学校の卒業文集にも書いていました。その夢を実現するのだろうなと信じていましたし、成就した時は私も本当に嬉しかったですね。小学校を卒業して随分時間が経っているにもかかわらず、「プロになることが決まりました」とわざわざ小学校にまで報告しに来てくれるし、チームを移籍する度に必ず挨拶をしてくれる律儀さ。それを普通にやれていることが、彼が人を惹きつけるひとつの理由かもしれません。

そんな姿から、今、私が受け持つ子供たちにも、何か感じ取ってくれたら、何か伝わればという思いもあり、「将来の夢」をテーマにした授業に登壇してもらったことがあります。この授業では、さまざまな職業の方を招いてお話いただくのですが、太田くんにも来校してもらい、子供たちの前で話をしてもらいました。

「『これができるからこれはやらなくていい』という勘違いはしないほうがいい。勉強にしても何にしても、今やるべきことは必ずすべてやらなきゃいけない」

太田くんは、夢を実現するためにはひとつひとつの積み重ねが大切で、無駄なことは何も存在しないんだということ。そういった経験が積み重なって今の自分が存在すると緊張しながらも語ってくれていましたね。夢を実現している彼が言うからこそ説得力もあるし、話を聞く子供たちの表情も真剣そのもの。一緒にサッカーをしたり、教室で給食を共にしたり、子供たちにとっては大きな刺激になっていました。

小学生の頃は、目がくりくりしていて可愛らしい顔をしていたけれど、ここ2、3年で目が本当に鋭くなったなと感じます。フリーキックでボールをどちらに蹴ろうかなと考えてる時の目を見ると、「怖いな」と感じることがあるくらい(笑)。それほど険しい顔をしているし、勝負師の目になっている。厳しい世界で生きている証でもあるのでしょうけれど。

サッカーに関しては素人なのではあまりよくわかりませんが、太田くんの表情にはたくましさや頼もしさが溢れていて、人間としての〝強さ〟を感じます。

日本でプレーしている時には、よく「先生(試合を観に来てよ!」と誘ってもらったんですが、「どうやってチケットを買えばいいんだろう」と悩んでいるうちに、移籍してしまって。毎試合必ずチェックはしていたんですが、もっと早く行くべきでした(笑)。オランダでのプレーはなかなか観ることができませんが、新天地での活躍を楽しみにしていますし、テレビで試合が中継されるようになったらさらに嬉しいですね。

人生は時には心がポキッと折れるようなアクシデントに遭遇することもあります。誰でも、壁や挫折を経験する。でも、そういった時にもいかに自分がプライドを持って生きていけるかが非常に大切なことで、苦しいけれど、その中できっと新しい芽も生まれるはず。今後、そういった厳しい局面と対峙することがあるかもしれませんが、これまで蓄積された28年間分の経験で乗り越え、そこでまたどんな芽を出すのか、どんな生き方をしていくのか、非常に楽しみにしています。

月並みな言葉になりますが、太田くんにはシンプルに「頑張って」というメッセージを贈りたいです。これからもしっかり地に足を着けて、考えて生きてほしいし、プロサッカー選手として、そしてその後も、自分の人生をとことん生き抜いてほしいです。

サッカー

太田　宏介

ぼくは幼稚園の年長からサッカーを始めた。始めたきっかけは、サッカーをやりたいからじゃなく、仲良しな友達が入っていたとか、遊び半分で入った気がする。

今では自分の生きている半分もサッカーをしている。その中で一番うれしかったことは、自分のサッカーボールを買ってもらえたこと。たった一つのボールで将来の夢を見つけ、サッカーの楽しさを知った。

そして、たった一つのボールでつかんだ将来の夢。それは「プロのサッカー選手になり、日本代表で活躍し、終わりには世界でプレーをすること」

これがぼくの夢である。遊び半分でやったサッカーも今では本格的になってきた。

平成十一年七月、ぼくのサッカー人生を変える東京都選抜のセレクションがあった。その前の東京選抜候補の練習会では自分のプレーが、ぜんぜん発揮できず、ミスばっかりで自信をなくしていた。

「いやだなぁ～セレクション」と、どんどん弱気になっているぼくの姿を見て、お母さんは

「もっと自分に自信に持ちなさい。宏介なら絶対受かるって」

と、励ましてくれた。その言葉を思い出しながら、セレクションに望んだ。ぼくはやる気満々だった。

セレクションはずっとゲーム方式でやった。

ぼくはみんなのプレーを見て、

「あ、別にたいしたことないじゃん」と思った。それにぼくから見て「こいつはうまい!!!」ってやつは一人も、いなかった。

なぜだというと、その時のぼくは自分に自信を持っていたから……

自分のプレーを　思っていたより、すごくいいプレーができた。

休憩中、お母さんがぼくに、

「けっこう調子いいじゃん、午後もがんばってね」

と、言ってくれた。その時のぼくはすごく気分が良かった。プレーも思い通りに出来たし、いろんな人にほめられたりしてうれしかった。

集合時間になりチームごとに並んで監督の話を聞いた。監督はこの11人が一番ソウルに行く確率が高いと言った。

ぼくはこの言葉をきっかけに、すごく自信がつき、東京の中の11人に入ったんだと、思っていた。でも、これはあくまでもセレクションの中の11人と、気づくのがおそかった。

セレクションが終わり、あとは結果を待つだけだった。その夜、東京都サッカー教会の人から電話がかかってきた。結果は東京都選抜Aチーム、そして、関東選抜まで同時に受かった。関東選抜は東京で6人しかいない。ぼくは東京のサッカー人口の約二万四千分の六の中に入りうれしかった。

ぼくはこのセレクションを通じて「やればできる」という言葉を見つけました。

セレクションの前、自信がなく、いやがっていたことが今では嘘のようです。お母さんが言ったように、「もっと自分に自信を持ってやれば何でもできる。そして、あきらめてはいけない」

これをこれからの人生の一つの目標にして、将来の夢「サッカー選手につなげていきたいです。

これからも、苦しいことなど、いっぱいあると思うけど、それにめげずに頑張りたいです。

−24−

小学校卒業文集より

第2章

サッカー選手としてのキャリア・アップ

横浜FCでJリーグデビュー

'06年、当時J2の横浜FCで僕はプロのサッカー選手としてのキャリアをスタートさせた。同期は大卒がふたり、高卒が自分を入れてふたり。大卒ふたりの選手はユニバーシアード日本代表としても活躍した有名な選手だった。同じ高卒新人選手のひとりも、自分よりも高い評価を得ていた。新加入4選手の中で、僕の評価はおそらく最下位。まさに底辺からのスタートと言っても過言ではないだろう。

新人選手を待っていたのは、サッカー以外のさまざまな仕事だった。朝9時から練習であれば、7時にはグラウンドに到着し、ボールすべてに空気を入れて、氷を入れた飲み水を作り、練習後は後片付けも行った。もちろん、練習着の洗濯もすべて自分たちが担当する。毎日その繰り返しだった。最初の頃は練習場まで電車通勤をしていたから、練習時間があまりにも早い時は午前中で練習が終わり、会社員の方が出勤する時間に僕は帰宅することもあってなんか変な感じだったな（笑）。翌年に年下の後輩が入ってこなかったから、その生活を2年間続けた。当時はすごく大変だなと負担に感じたけれど、すごくいい経験をさせてもらったと感謝している。あの2年間があるからこそ、「どんな環境でも順応できる」という自信がついたのは間違いない。

そんな日々を送る中で、Jリーグデビューするチャンスは、想像以上に早く巡ってきた。当時、スタメンを除いてベンチに入れるメンバーは5人。若手にとっては、帯同メンバー入りすることさえ難しい状況だった。しかし、ディフェンスの選手に怪我人が続出し、J2リーグ第17節（'06年5月21日）のサガン鳥栖戦で急遽、チームに帯同することになった。結局17人目の選手でスタンドから試合を観ることになったが、試合前のロッカーの雰囲気やアップ、そしてこれまでに経験したことのないような緊張感漂う雰囲気を体感できたことは、とても大きな財産となった。その後、鳥栖のスタジアムを訪れる度に当時のことを思い出したものだ。

その翌節からベンチメンバー入りを果たし、'06年6月7日、J2リーグ第20節モンテディオ山形戦でついにJリーグデビューすることとなった。この頃、高木琢也さん（現V・ファーレン長崎監督）がコーチから監督に就任し、勢いに乗れなかったチームもようやく勝ち始めていた頃だった。

試合は2－1で山形にリードしていた状況で、そのまま試合が終わると思われた後半44分。右サイドバックの小野智吉選手の足がつり、プレー続行が不可能になった。ポジションも違うし、まさか自分に出番は回ってこないだろうと思っていると、なんと高木監督から声が掛かった。

「宏介、行くぞ！」

勝利が懸かったタイミングでの出場に、少し怖気付いていた。もちろん試合には出場したい。しかし、自分が試合に出て負けたらどうしようというプレッシャーが、重くのしかかってきた。しかも、ポジションは慣れない右サイドだ。

「とにかく思い切ってやってこい！」

高木監督は語気を強め、ピッチへと送り出してくれた。ピッチに入るまではとにかく緊張が続いていた。足が少し震えている。そんな時に落ち着かせてくれたのが、渕野辺高校時代のコーチであり、当時横浜FCの通訳を務めていた中山和也さん（現川崎フロンターレ通訳）だった。高校時代の自分を知り、そしてお世話になった中山さんに、デビュー戦に立ち会ってもらえたことは本当に心強かった。ピッチ脇まで見送られると、いつの間にか緊張は消え、変わりに、とてつもないエネルギーが漲ってきた。

いざピッチに入ると、右サイドのポジションでのプレーは戸惑うことばかりだった。自分のところにボールが来ても、周りを見る余裕はなく、とにかく自分たちのゴールから相手を遠ざけようと、足元に入ったボールはすべて大きく蹴り上げていた。まさに無我夢中とはこういうことを指すのだろう。城（彰二）さんら周りの選手から、「お前、落ち着けよ」、「リラックスしてやれよ」と声を掛けられるのだけど、そんな余裕はまったくない。ロスタイムがやたら長く、地獄の時間が続いた。とにかくいっぱいいっぱいだった。

当時の山形にはレアンドロ（現ヴィッセル神戸）がいて、すごくキレキレのドリブルを積極的に仕掛けてきた。上背はないけれどガツガツ競り合いにも来ていて、本当に怖くて仕方なかった。それでも、なんとか6分間というロスタイムを凌いだのだけど。

結果は2－1で横浜FCの勝利。終了の笛が鳴った瞬間、これが僕のデビュー戦だとわかっていたチームメイトはみんな、駆け寄ってきてくれた。そして、自分のことのようにすごく喜んでくれたのだ。興奮していたせいか、後泊したホテルで遅くまで眠れず、ずっとニュースを見ていた。あれから10年経つけど、まるで昨日のことのようだ。

プロという世界の厳しさ

プロとしての第一歩を踏み出すことができた嬉しさを感じる反面、1年目は山形戦の数分だけの出場に留まり、改めてプロの厳しさを痛感した。しかも山形戦以降はメンバーにさえ入れず、J2優勝が決まったアウェーの鳥栖戦もテレビの前でその瞬間を見つめるしかなかった。

プロ1年目のシーズンはリーグ戦1試合、天皇杯1試合のみの出場で終わった。

そのシーズンの年末。先輩や同期が期限付き移籍で他チームへと放出されることになった。期限付きではあるけれど、同期の移籍には戦力外通告の意味も含まれていた。僕は世代別代表に選ばれたこともあり、チームに残留はできたけれど、それがなければ同じ立場になっていたかもしれない。年が明け、新たなシーズンが始動すると、僕は神野さんからブラジルへの短期留学を告げられた。期間は'07年1月7日からJリーグが開幕する前までの2ヵ月間弱。周りの選手は新シーズン、そしてJ1という新たなステージへと向かう中で、ブラジル行きを告げられたのだ。

「自分はクラブから評価されていない。戦力として捉えられていないんだな」

実際にブラジルに行っても、移籍ではないため試合に出場することができなかった。おまけに、週に2日試合が組まれていたため、練習はほぼコンディション調整のようなもの。満足のいくトレーニングは到底できなかった。

「ブラジルまで来て、一体なんの練習をしているんだ」

そんな思いが19歳の僕の頭をよぎった。

そんな時、何気なく横浜FCのホームページを開くと、チームメイトがJリーグ開幕に向けオーストラリアで春季キャンプに取り組んでいる姿がアップされていた。彼らの充実した表情を見ると、本当に羨ましくて仕方なかった。

「今年は結果を残さないと、本当にクビになる」

ブラジルから帰国した僕はそんな危機感を募らせ、プロ2年目をスタートさせた。

'07シーズン、J1リーグが開幕した当初はメンバー外だったが、この頃、小村（徳男）さん、室井（市衛）さん、早川（知伸）さんと、センターバックの選手に怪我人が相次ぎ、僕は先輩DFと組み、センターバックとして試合に出場する機会が徐々に増えた。

苦い思い出として残っているのは第19節（'07年8月11日）の横浜F・マリノスとの横浜ダービー。5万人以上のサポーターが詰めかけた日産スタジアムでの戦いは、否応なしに盛り上がった。でも、自分は先発出場したこの試合で奈落の底へと落とされる。為す術はなく、相手の波状攻撃を食い止めることができなかったのだ。攻撃陣に翻弄され続け、終わってみれば8失点。ロッカールームではぐったりとうなだれ、しばらく立ち上がることができなかった。そしてこの年、横浜FCはJ2へと降格した。

横浜FCで出会ったレジェンドたち

J1リーグで初めて戦った'07年。当時、ゴールを守っていたゴールキーパーの菅野さん（孝憲・現京都サンガF.C.）はどんな状況においても、ピッチ内外でチームを鼓舞し続けてくれた。すごく熱意のある人で、時には他の選手と揉み合いになり、周りの選手が止めに入ることもあった。初めてそういった光景を目にし、菅野さんのサッカーに対する熱い思いに大きな刺激を受けた。そして菅野さんは若く経験の浅い僕が何度ミスをしても、「自分のプレーをすればいいんだから」と、伸び伸びとプレーさせてくれた。

横浜FCではカズさんや山口素弘さん、久保竜彦さん、三浦淳寛さん、城さんと多くのスター選手と一緒にプレーする機会に恵まれた。周りはレジェンドばかりで、加入したばかりの頃は、緊張でガチガチだった（笑）。「あ、三浦知良がいる！」って大興奮（笑）。

幼い頃に見ていたカズさんが目の前にいるんだから、当然といえば当然なんだけど。そんなレジェンドたちの話はとても勉強になったし、刺激的でもあった。今振り返ると、お手本になる選手が揃って、贅沢すぎるほど贅沢な環境だった。

監督の高木さんには本当によくしごかれ、常に怒鳴られていた記憶がある。自分ではいいプレーをしたと思っていてもよくダメ出しされていたし、厳しく指摘されていた。

「お前、本当にクビにするぞ。明日から練習に来るんじゃねぇ!」

そんな檄もよく飛んできたものだ。その度に、背筋がピンと伸びた。高木さんは僕に〝闘う〟ことの大切さを教えてくれた監督だ。

試合になると高木さんはすごくポジティブな言葉を掛けてくれた。経験の浅い若手を早い段階で抜擢し、試合に出場させてくれたのも高木さんだった。僕のためにいろいろと動いてもくれた。

'07年5月。ナビスコ杯FC東京戦でプレー中に頭を強打して、試合後、救急車で運ばれたことがあった。気付いた時には自宅のベッドの上。試合のことも対戦相手のこと、もちろん結果も思い出せない。「一過性全健忘症」と言って、あの日、丸1日の記憶が飛んでしまったのだ。その日からしばらくは、自宅と病院を往復する日々が続いた。

この頃、U－20W杯カナダ大会を約1ヵ月後に控え、メンバーに選出されるかどうかの大切な時期だった。強打した箇所が箇所なだけに、クラブも安易には送り出せない。協会のメディカルスタッフからは何度も状態確認のためクラブに連絡が届いていた。これは随分後で知った話だけど、高木さんは僕のために、当時U－20代表の監督を務めていた吉田さん（靖・現浦和レッズレディース監督）にも「宏介は万全の状態で復帰しますし、試合にも間に合いますから」と、かなり助言してくださっていたようだ。

もしあの時、U－20W杯のメンバーに選ばれていなかったらどうなっていただろう。そう考えると、高木さんには感謝の言葉しか見つからない。成績不振のため監督を解任された時は、なんとも言えない気持ちだった。試合に出場していた身としては責任を感じたし、ただただ申し訳ない気持ちでいっぱいだった。

プロ2年目のシーズンが終わる頃、複数のクラブから移籍の話をもらっていた。しかし、1年目は複数のポジション、そして2年目はセンターバックでプレーし、自分が勝負するポイントが明確になっていなかった。その状態で移籍しても絶対に通用するわけがない。

横浜FC時代
2007年4月14日、J1リーグ第6節 横浜FC vs鹿島アントラーズ
写真：中西祐介/アフロスポーツ

だから移籍の話は断った。

「これからどうすればいいんだろう。このままでは絶対に終わってしまう……」

高校時代にプレーした左サイドバックで勝負がしたいという気持ちも密かに抱いていた反面、本当にやれるのかという不安もあった。新しく監督に就任することが決定していた都並さんは「宏介は左サイドバックで起用する」と明言していたが、自分自身はまだその時点では半信半疑だった。

チームが始動する1週間前、自主トレを兼ねてクラブハウスに行くと、そこには都並さんの姿があった。グラウンドに出て都並さんも交え6~7人で鳥かご（※攻撃側の人がワンタッチパスでボールを回し、守備側の人がボールを奪いにいくトレーニング方法）をして体をならした。始動前なのに都並さんはスライディングタックルしてくるわ、カニバサミタックルしてくるわ、とにかく負けず嫌いで、誰よりも一番ヒートアップしていた（笑）。グアムキャンプでは、僕がすごくバカなことをやると、「お前のそういうキャラ、めっちゃ好きだよ」と喜んでくれて。そこから距離が一気に縮まってなんでも話せるようになり、プレーのことに関しても積極的に聞きに行くようになった。

「都並さんから学ぶことはたくさんあるから。宏介にとって必ずいい1年になるよ」

シーズン前にフロントスタッフからこんな言葉を掛けられていたが、都並さんから学ぶものは本当にいろいろあった。最も学んだことはキックの種類。シンプルなキックの練習を繰り返し、全体練習が終わったあとの自主練にもつきっきりで伝授してくれた。キックの質が飛躍的に向上したのも都並さんならではの反復練習があったからこそ。特徴を見抜き、ビシビシしごいてもらった。今のプレースタイルにたどり着くうえで欠かせない恩師のひとりだ。

現在、僕は左サイドバックでプレーしている。Ｊリーグでの活躍だけでなく日本代表にも選ばれ、そして今、こうして海外クラブにも移籍した。そう考えると、自分がどこで活きるべきなのか、勝負すべきなのか迷っている時期に、左サイドバックのスペシャリストでもある都並さんが横浜ＦＣの監督に就任したことは、まさに絶妙のタイミングだったと言える。サイドバックとしてのベースを作れたのは、まぎれもなくこの年だった。

都並さんは今でもよく連絡をくれる。「お前、あそこでもっと寄せないとダメだろ！そこはきっちりとやらないと成長しないぞ」とダメ出しもされれば、「あのクロス最高だぞ！」と褒めてくれたりもする。そして結局いつも最後は「じゃあ、とりあえず焼肉行くぞ！」と、明るいノリで電話は終わるが、今も僕のことを気に掛けてくれる気持ちや言葉は、自分自身をさらに奮い立たせてくれる。

横浜FCでは三浦淳寛さんとの出会いもとても大きかった。プロ3年目の途中から僕が左サイドバック、アツさんが左サイドハーフで一緒に試合に出る機会も増えた。練習の時は常にアツさんに怒られていた記憶ばかりが蘇る。でも、練習後は決まって優しい言葉を掛けてくれた。

「お前はとにかく力を持っているんだから自信を持て。試合になったら全部俺にボールを預けろ。お前がやりやすいようにしてやるから。それと、俺がボールを持ったらオーバーラップしろ。とにかく仕掛けろ。ミスしても俺がカバーするから心配するな。とにかく思い切りやれ」

酒井宏樹（現ハノーファー96）が柏レイソル時代ブレイクした時に、目の前にレアンドロ・ドミンゲス（現ECヴィトーリア）という実力者がいたように、サイドバックにとってはひとつ前のポジションの選手が非常に重要な存在となる。僕もまた、成長過程の段階で日本代表でもプレーしたアツさんと、そういった関係性の中でプレーできたことは、非常に大きな財産となった。一緒にプレーしたのは2年弱と短かったけれど、本当に学ぶべきものが多い、先生のような存在だった。

初めての移籍

プロ3年目が終わる頃、再び複数のクラブから正式なオファーが届いた。その年、U－20W杯を経験し、同世代のチームメイト、そして各国の代表選手から大きな刺激を受けた。特に、当時のU－20日本代表メンバーはまだ20歳前後だったけれど、J1リーグでも試合に出場している選手が多く、正直、自分も早くそのレベルに追いつかないといけないという焦りもあった。

プロ3年目はJ2ながらもリーグ戦31試合に出場し、左サイドバックとして自信を掴んでいた。だからこそ、このタイミングで新しい環境にチャレンジすることがサッカー選手としても、そしてひとりの人間としても、ステップアップするためには重要なことだと感じた。

各クラブの強化部の方と直接会い、話を聞かせてもらった。どのクラブも熱心に誘ってくれたし、どのチームも本当に魅力的だった。そんな中で僕が選んだのは横浜FC時代にプレーして、「スタジアムの雰囲気がすごくいいな」と惹かれていた清水エスパルス。前年にもオファーしてくれていた清水は、どのチームよりも試合に出場することが厳しい環境だと思ったのも、移籍を決断した理由のひとつだった。

〝安定〟よりも〝挑戦〟を選んだのは、家系的なものも関係しているかもしれない。6つ年上の兄も、そして僕も、自分自身にプレッシャーを掛けたほうが燃え、結果を残せるタイプ。だからこそ、あえて険しそうな道を選択した。

サッカー人生初めての移籍。もちろん、最初から何もかもすべてが上手くいくとは思っていなかった。けれど、予想以上にチームに溶け込むことの難しさを痛感せざるを得なかった。J2のチームから移籍して、周りも僕がどんなプレーをするのかまったくわからない状況でスタートしている。自らチームに入っていかなければ、自分のプレーも出すことはできない。自分のプレーを知ってもらうためには、それなりに時間が必要だし、我慢も必要だなと覚悟はしていた。とにかく全力で練習から自分を出す。ただ、それだけだった。

チームメイトとは上手くコミュニケーションを取ってはいたけれど、もう一歩踏み込んで食事に行ったり、遊びに行ったりということができなかった。寮で暮らしていたが、最初の1、2ヵ月間はなかなか溶け込むことができず、ひとりで過ごすことが多かった。当時、寮の前には常に僕の車だけがよく停まっていた。みんなはきっと「宏介は寮で何をやっているんだ?」と思っていたかもしれない。自分だけが浮いているような感じもして、もどかしい気持ちになったこともあった。

転機は移籍してから2ヵ月を過ぎた頃、岩下くん（敬輔・現ガンバ大阪）が、買い物に行くから東京に行こうよと誘ってくれたことだ。それをきっかけに、そこから一気にチームに溶け込めたような気がしてすごく嬉しかった。

チームに溶け込むためには、まずは自分がどんなキャラクターなのかを知ってもらわないといけない。そこではかなりバカなこともやった。最初の1、2ヵ月はきつかったけれど、それを過ぎると今度は毎日が楽しくて仕方なかった。寝る時間以外は、原一樹くん（現ギラヴァンツ北九州）や辻尾くん（真二・現ツエーゲン金沢）ら、常に誰かと一緒に過ごしていた。その時期とリンクするかのように、5月頃からは試合にも徐々に出場できるようになった。

私生活が充実すると、サッカーにもいい影響が出るというか、心にゆとりができたように思う。徐々に自分がやりたいプレーをこのチームでもできるようになりつつある中で、清水1年目のシーズンが幕を閉じた。

プロ初ゴールの試合と、初めて泣いた試合

清水時代で印象的な試合はいくつかあるけれど、最も嬉しかったのは移籍2年目の'10年、J1第20節のジュビロ磐田との対戦だ。1－2で試合には敗れてしまったけれど、磐田に先制された中、僕はこぼれ球を左足でスライディングする形で押し込み、同点ゴール！これが清水に加入してからはもちろん、なんとプロ5年目にしてようやく決めた初ゴールだった。静岡ダービーで決められたこと、しかも相手ゴールキーパーが日本代表経験者の川口能活さん（現SC相模原）ということもあって、喜びもひとしおだった。欲を言えば、試合に勝てればベストだったけど。ゴールを決めた直後に岡ちゃん（岡崎慎司・現レスター・シティFC）と肩を組み、サポーターのほうへと走って行った。あのゴールは本当に嬉しかったなぁ。

アシストもいいけれど、やはり点を取ることは最高に気持ちいい。多くのサポーターが自分だけを見てくれるのだから。ただ、ポジション的にはそうそう得点できるポジション

清水エスパルス時代
2011年2月20日、Jリーグ プレシーズンマッチ 清水エスパルスvs横浜F・マリノス
写真：YUTAKA/アフロスポーツ

ではないこともわかっていただけに、このゴールがサッカー人生で、最初で最後のゴールになるかもしれないとも思った。

悔やみきれないのは、第90回天皇杯決勝戦。鹿島アントラーズとの戦いだ。チームを離れることが決まっていた（長谷川）健太さん（現ガンバ大阪監督）、長年チームを牽引してきた伊東輝悦さん（現ブラウブリッツ秋田）や市川大祐さん（現ヴァンラーレ八戸）のためにも、どうしても勝ちたかった。その思いで、決勝まで勝ち上がってきた。

試合開始早々からチャンスメイクできてはいたけれど、チャンスをものにしきれず、1－2で敗戦。鹿島の選手たちが表彰式でメダルを掛けられ、喜んでいる姿を見ると無性に悔しさがこみ上げてきた。そして、人目もはばからず僕は大号泣。プロになって初めて泣いた試合が、その天皇杯決勝戦だった。

伸二さんと健太さんとの出会い

横浜FC時代はカズさんをはじめ、日本代表も経験したレジェンドたちから刺激を受け、多くのことを学んだ。清水では（小野）伸二さん（現コンサドーレ札幌）がまさにそんな存在だった。

プロ入り前の'02年。中学3年生のサッカー少年だった僕は、運良くW杯日韓大会・日本対ロシアを観戦することができた。その時に見ていた選手が伸二さんだ。

清水に移籍し、初めて対面した時はワクワクした。伸二さんのような選手は、同じ選手から見てもオーラを感じるというか、その存在感の大きさに圧倒される。少し緊張しながら話し掛けてみると、まったくと言っていいほど気取ったところがない。あんなにすごい選手なのに、誰に対してもこんなフラットなのかと驚いた。第一線で結果を残している選手は、こういう振る舞いが自然にできるんだなと感心した。伸二さんのそんな姿がとてもかっこよく見えた。

もちろん、サッカーそのものに対しても見習うべき部分は多かった。プレーの素晴らしさは、今更言うまでもないけれど、どんな状況でも〝楽しむ〟ことを忘れない姿勢には、深く心を動かされた。

チームが連敗している時も、伸二さんだけは結果に左右されず、とにかく楽しむことを第一に、誰よりも積極的に練習を盛り上げていた。周りがどんな暗い雰囲気になっていても、ニコニコしながら練習をする。それがいい意味でチーム内に広がり、周りの選手の士気が上がったこともあった。そんな魔法を使える選手が伸二さんだ。

自分自身もポジティブ思考ではあったけれど、盛り上げ方や意識の高め方は伸二さんを見て学んだ。伸二さんがボールを蹴っていると、自然とその周りには人が集まる。あれほど人を引き寄せる力を持った人はなかなかいない。結局は〝人〟として優れているからこそだと思う。サッカー選手としてはもちろん、人間としても非常に魅力的に感じる選手だ。

その後、僕はFC東京に、伸二さんはオーストラリアのウェスタン・シドニー・ワンダーラーズFCへと移籍。「伸二さんに会いたい！」と、後輩の岡根直哉（現FC岐阜）と一緒に伸二さんを訪ねたことがあったが、他にも数名の選手が伸二さんを訪ね、オーストラリアに渡っていた。会いたいからオーストラリアに行く。そう後輩に思わせる伸二さんの人間力は本当にすごい。

いつかは自分も伸二さんのような、大きな人間になれればいいなと思うし、そうなりたい……いや、なる！

そして、清水で大きな影響を受けた存在がもうひとりいる。'09、'10年と監督を務めた健太さんだ。プロ1、2年目で高木さんにこってり絞られたように、健太さんにも練習の度に随分怒られたし、厳しく指導された。当時、僕のキックの精度が低すぎたせいもあり、クロスが下手くそで練習でもなかなか中にいる選手と合わなかった。

「お前、どこに蹴ってるんだ！」

クロスの練習をするのが嫌になるくらい叱咤された。そこで、全体練習が終わると、攻撃陣とともにグラウンドに残り、何本もクロスの練習を行った。

「とにかく練習し続けろ」

健太さんは口を酸っぱくしてそうアドバイスしてくれた。クロスの質に関して健太さんと直接話していたわけではなかったけれど、これから僕が左サイドバックとしてプレーしていく中で、力があると信じていてくれたからこそ、あえて厳しい練習を課したのだと思う。厳しい言葉も、裏を返せば期待の表れだったのかもしれない。そんな健太さんが'10年シーズンをもって監督を退くと聞いた時は、もう1年やってくれよ！　という強い思いも感じていたし、純粋に寂しさもあった。

健太さんが清水の監督を務めていた頃、僕は目立った結果を残せていなかった。当時、FWには岡ちゃんやヨンセン、（藤本）淳吾さん（現ガンバ大阪）ら、点を取る選手はたくさんいた。自分がもっといいクロスを上げられていれば、得点数を伸ばせたはず。シーズン途中まではリーグ戦で首位に立っていただけに、それだけが唯一心残りであり、健太さんに対して申し訳ないなと感じていた。

健太さんとはその後、FC東京とガンバ大阪が対戦する際に話をする機会があった。そんな時は「お前、本当に成長したな」と優しい言葉を掛けてくれたものだ。さらに、東京ではキッカーとなり、「こんなに蹴られたのかよ。もっと早く出せよ」と冗談を言ってくることもあった。たぶん健太さんは照れ屋なんだと僕は見ているけれど、そんな人が「本当にいいキャリアを積んでいるし、成長していると思う。お前は絶対に代表に行けると思うから」と言葉を掛けてくれたのは素直に嬉しかった。

クロスの質を極めることを教えてくれた健太さん。いつかまた、機会があれば健太さんのもとでプレーしたい。そう思わせてくれる監督だ。

FC東京へ移籍

'11年シーズンは、アフシン・ゴドビさんが新しく監督に就任した。左サイドバックのレギュラーとして出場していたが、シーズンも残り1ヵ月となったところで僕に国内のクラブからオファーがあるという報道が出た。するとその翌日から、清水で戦わない選手は必要ないといわんばかりに、練習ではレギュラー組を外され、試合でもラスト5分間だけ出場するという状況が続き、不完全燃焼のまま清水3年目のシーズンが終了してしまった。

そもそも、国内クラブからのオファーの移籍報道以前に、'11年シーズン終了後、海外クラブへの移籍を希望していた。それは、清水でもコンスタントに出場できるようになっていて、「環境を変えなければ成長できないな」と直感が働いたからだ。さらに、周りの同世代の選手たちが海外へ挑戦する姿にも大きな刺激を受けていた。だからこそ、改めて海外で挑戦する意志が固いことをクラブにも伝え、年明けにはオランダのトゥエンテへ移籍するという流れも出来上がっていた。

ただ、冬の移籍は欧州ではシーズン途中での加入となる。いざ決断を迫られると、海外へ行くべきか、それとも清水に残り、欧州のリーグが開幕する夏まで半年待つべきか悩みに悩んだ。散々考えた挙句、このタイミングで欧州に行くことは断念し、清水に残留しようと決断していた。夏に移籍すれば、クラブにも移籍金を残していける。左サイドバックとして育ててくれたクラブに対して感謝もあったからこそ、移籍金を残して移籍することができればベストだなと考えていた。僕と代理人、そしてクラブの間でおおよそ話がまとまり、あとはサインをするだけという状態だったが、最後の最後になって交渉は決裂し、清水を出ていかなければならない状況に置かれてしまったのだ。結局、かねてより声を掛けてくれていたFC東京と交渉の席に着き、契約を交わした。

この件に関しては、応援してくれた清水のファン、サポーターの方たちに対して、ただ申し訳ない気持ちでいっぱいだ。僕自身は前述の通り、海外移籍できなければチームに残るつもりだったし、その準備もしていた。今更何を言ったところで信じてもらえないとは思うけれど。

しかし、東京移籍後、清水サポーターの代表の方と会う機会があった。「宏介のことはこれからも応援するから。だから頑張ってくれ」というひと言が、胸にジーンと響いた。

「清水で確立したプレースタイルをさらに研ぎ澄ませたい」

そんな強い思いを抱き、'12年、FC東京でスタートを切った。そして、新天地で意気揚々と新たなチャレンジに挑む最中、思いがけないアクシデントが襲う。東京1年目の6月、右足の第五中足骨を疲労骨折してしまったのだ。清水時代から痛めていた右足の中足

FC東京時代
2014年3月8日、J1リーグ第2節 FC東京vsヴァンフォーレ甲府
写真：中西祐介/アフロスポーツ

骨。痛みは感じていたけれど、試合の時はアドレナリンが出ているからか、その痛みが気になることはなかった。騙し騙しという感じではなく、普通にプレーもできていた。

横浜F・マリノス戦（J1リーグ第14節6月16日）の、前半14分あたりに骨折したことが自分でもわかっていたけれど、前半はそのままプレーを続行した。後半も出場するつもりで、（ランコ・）ポポヴィッチ監督にも「やる！」と伝えていた。しかし、ハーフタイムが終了し、ユニフォームを着用して立ち上がると、その時にはもう痛みで歩くことができなくなっていた。

「いつかは折れるかもしれない」

もちろん、そういう覚悟は持っていた。ただ、骨折を回避できるのならそれに越したことはないわけで、骨折したという事実は純粋にショックだった。

「ここから2、3ヵ月は、試合に出られないのか……」

初めての骨折に、初めての入院。移籍1年目ですぐに結果を残したいという気持ちが強かっただけに、ここでチーム離脱を余儀なくされたのはとてもつらかった。さらにこの年は、リーグ戦、ナビスコ杯、そしてACLと試合が続いていた。試合をやりながら徐々に手応えを掴みつつある一方で、自分のミスから負けに繋がった試合が2、3試合続いたこともあり、ファン、サポーターの方から厳しい言葉をいただくこともあった。そんな中での骨折。チームから離脱することになってしまい、余計責任を感じたし、心苦しかった。

ただ、いつまでも引きずっていても仕方ないと考え、この怪我にも必ず意味があるんだと前向きに捉えた。結局、復帰までに5ヵ月弱かかってしまったけれど、自分の体のことを見直す、いいきっかけになったと思う。早期復帰に向け、全力でサポートしてくれるチームのためにもいいところを見せなければと、リハビリにも自然と力が入った。

この怪我から学んだことは、自己管理の大切さだ。職業柄、怪我はつきもので仕方ない面もあるが、そのリスクを最小限に抑えることはできる。例えば食生活。怪我をきっかけに、自炊の回数も増えたし、食事のバランスもより考えるようになった。それ以外にも、体のケアや万全の状態でサッカーに臨めるにはどうしたらいいのか、ピッチ外での生活に対する考え方が変わったような気がする。

新たな監督との出会い

期待して獲得してもらったにもかかわらず、東京1年目はチームの力にも、勝利に貢献することもできなかった。だからこそ、2年目のシーズンに対する意気込みは並々ならぬものがあった。

当時、東京のサッカーはクロスからの得点が少なく、そういったところで僕は期待されていた。自分がどんなプレーをするのかという面では、'13年は1年を通してコンスタントにアピールすることができたかなと思う。3、4年目に関しては、セットプレーのキッカーも務め、アシスト数も飛躍的に伸ばすことができ、得点に関わるシーンも増えた。これまでのサッカー人生の中で最もいいキャリア、シーズンを過ごすことができたんじゃないかな。

また、'12、'13年の監督だったポポさんの存在は非常に大きかった。これまでさまざまな監督のもとでプレーしてきたが、ポポさんはサッカーもプライベートも、自分が思っていることすべてをさらけ出せる存在だった。

横浜FCや清水時代にお世話になった高木さんや都並さん、健太さんからも随分多くのものを学んだが、当時は自分自身が若すぎて監督に話をできる余裕もなかったし、とにかくみんなについていくことに必死だった。例えば痛いところがあっても、それを隠してがむしゃらにプレーしていた。その結果、悪化して治療に専念せざるを得ない状況になってしまう。東京に移籍してきた頃、僕は25歳。それなりに経験も積んできただけに、「これはまずいな」と思ったら、自分で引く勇気もあったし、素直に監督にも話すことができた。また、積極的に会話をしてお互いの理解を深め、ピッチ上では監督に認めてもらえるようなプレーを心掛けることで、監督に対して、逆に監督が自分に対しての信頼も深まったと思う。だからこそ、ポポさんのためにも、という言い方は語弊があるかもしれないけれど、結果を残さなければならないという気持ちも強かった。

ポポさんといえば、FC東京へ移籍する際に交渉の場にもわざわざ同席してくれたことが印象深い。そういう席には普通、強化部長、スタッフしか来ないものだけど、突然、ポポさんが扉を開けて入ってきたかと思えば、ポポさんのことを知っている人は伝わると思うけれど、あのテンションで「宏介、来いよ!」って(笑)。そのひと声で、移籍に対してさらに気持ちが固まったような気がする。

今でこそセットプレーのキッカーというイメージは強いけれど、そもそもポポさんの何気ないひと言から始まったのだ。それは東京2年目のシーズン。チームにフリーキックのキッカーがいないという話から、ポポさんが僕のクロスの精度を褒めてくれた延長で、「お前、蹴ってみろよ」という流れになったのだ。当時、フリーキッカーという意識が自分の中にはまったく存在しなかったし、実際に蹴ったこともなかった。だから最初はそれが嫌で嫌で仕方がなかった。たぶん、周りの選手も半信半疑だったと思うけれど、それでもポポさんは「自信を持って蹴れ」と鼓舞してくれた。以降、毎回フリーキックの練習をすることになった。2、3発で終わることもあれば、20、30発蹴っても枠に入らず、なかなか練習が終わらないなんてこともあった。

試合で初めてフリーキックを決められたのは、川崎フロンターレとの多摩川クラシコ（J1第20節'13年8月10日）の後半11分。左足で放ったボールは、ゴール右上に弧を描くような軌道でゴールに吸い込まれた。ゴールを決めた後、僕は無意識のうちにポポさんのところへと走って行った。その時にポポさんにされたキスは一生忘れないだろう（笑）。その年、フリーキックだけで公式戦5ゴールを決めたが、今ではそれが自分の武器になり、代名詞となりつつあることを考えると、ポポさんはまさに恩人とも言える。

それ以外の場面でも、試合中に自分がボールを持ったら「とにかく仕掛けてクロスを上げろ！」と叱咤してくれ、勝負してミスした時も「とにかく次もトライしろ！」と、心から選手を信頼してくれる監督だった。

ポポさんが'13年のシーズンをもって退任すると知った時はもう1年やればさらに結果も

内容も良くなるという自信があったからこそ、すごく残念でもあった。何より、ポポさんのために結果を残せなかったことが、非常に悔やまれる。

東京に移籍し、ポポさんのもとで練習をすることで、自分自身かなりサッカーが上手くなったという手応えを感じていた。横浜FCや清水時代の僕を知る人からは、「東京に来てすごく上手くなったな」と言われるようになり、自信を持つことができたのもポポさんのおかげだと思っている。

'14年シーズンは、マッシモ・フィッカデンティ監督（現サガン鳥栖監督）が就任した。ポポさんの時とは異なる距離感に、最初は戸惑いも感じていた。サッカーのやり方が180度変わり、チームの結果もなかなか出ない。自分の特長も出しづらく、半年間はかなり苦しい時期を過ごしたように思う。モヤモヤした気持ちもあったけれど、その状態でプレーしていても仕方がないと気持ちを切り替えた。我慢しながらも勝ちきるサッカーにこだわる。それが翌'15年シーズンの結果に繋がった。ただ、その中でも徐々に監督から言われたことだけをやっていても仕方がないという思いも強くなった。あえて監督に「ダメだ」と言われるプレーをやり、そこで結果を残せば、監督を納得させられるのではないかと考えた。ディフェンスに関して制約がある中で、僕はそれを振り切って、攻撃で結果を出していくスタイルを貫こうと決めた。結果は'14年がリーグ戦で10アシストを記録。'15年は13アシストを記録し、Jリーグアシスト王にもなった。自分が下した決断がいい方向に向かったと思うし、時には自分を貫くことが大切だということにも気付かされた。

サッカー人生において、イタリア人監督のもとでプレーするのはこれが初めての経験となった。戸惑いもあったけれど、これまでとは異なるサッカーを体感できたのは大きな経験となったし、そういった意味では、'14、'15年の2シーズンは、改めてサッカーの奥深さを感じた、そんな時間でもあったと思う。この経験もまた、これからの自分のプレー、そしてキャリアの肥やしになっていくことだろう。

ベストゲームとワーストゲーム

東京でのベストゲームは、ラストシーズンとなった'15年ホームでの川崎フロンターレ戦（J1リーグ1ｓｔステージ第9節5月2日）。多摩川クラシコだ。4万人を超える観客が詰めかけた中、前半はフロンターレに圧倒され、自分たちは何もできず、このままではボロ負けするという悪い流れだった。しかし、後半に入って相手選手がひとり退場すると形勢が逆転。流れが一気に東京へと傾いた。71分、フリーキックのチャンスが訪れた。静まり返るスタジアムに、応援歌だけが流れ、いつにも増して、リラックスして蹴ることができた。ゴールを守っていたのは、清水時代にチームメイトだった西部洋平さん（現清水エスパルス）。決して綺麗なゴールとは言えないけれど、西部さんとの駆け引きに勝ったこと、何より西部さんからゴールを奪えたことに喜びを感じた。その数分後、今度はフリーキックでよっち（武藤嘉紀・現1.FSVマインツ05）のゴールをアシストし、2－1と劇的な逆転勝利を収めることができた。

多摩川クラシコという注目の一戦でゴールにも関わり、チームを勝利に導けたことが素直に嬉しかった。翌日の新聞はすべてよっちに持っていかれたけれど（笑）、東京の携帯サイトでは、サポーターが僕をMVPにしてくれていたからよしとしよう。さすが東京のサポーターだ！

ワーストゲームは'13年の天皇杯準決勝でサンフレッチェ広島に敗れた試合。この試合がポポさんがチームの指揮を執る最後の試合となってしまった。ポポさんを最高の形で送り出したかったからこそ、どうしても勝利し、天皇杯のタイトルをプレゼントしたかった。PK戦までもつれながらも結局ものにできず、試合が終わった瞬間、頭が真っ白になった。

東京に移籍して、最もタイトルに近い試合でもあったから不甲斐なかった。

タイトルといえば、結局僕は、在籍した4年の間にチームにもたらすことができなかった。悔しい。ラストシーズンとなった'15年に懸ける意気込みは本当に強かっただけに、リーグ最終戦（J1リーグ2ndステージ第17節11月22日）のサガン鳥栖戦が終わった瞬間は涙が止まらなかった。

「ああ、終わってしまったんだ」

表現のしようがない脱力感にも見舞われた。

ただ、振り返るとよっちの海外移籍、主力選手の怪我や体調不良など、チームにとっては痛手となる要素が山積した中での4位という結果は、正直、よくやったんじゃないかなと思う。そこまで持っていけたのは、監督の手腕だけではなく、選手の力があったからこそ。もちろん、冷静に分析すると、負けた試合をひとつでも引き分けにできていたらなど、反省すべき点もあるけれど。及第点くらいは与えられる。

森重真人との出会い

東京に移籍するまで、チーム内に同世代で代表選手としてバリバリに活躍している選手がいなかった。そして、東京に来て初めてそういう選手たちと出会った。最初は（高橋）秀人が代表に入り、その姿を見ていたら自然と〝自分も〟という気持ちが強くなっていったし、さらにトレーニングに励まなければという思いに駆られた。

東京では家族ではないけれど、「家族級」の仲間にも恵まれた。特に（森重）真人に関しては、世代別代表の頃から一緒だったこともあり、最も影響を受けた。今でこそ親友であり、戦友であり、僕の人生の中で欠かせない存在のひとりだけど、仲良くなったのは意外にも僕が東京に移籍してからだった。それまでは自分もあまりキャラを出せていなかったし、真人も積極的に話すタイプではなかったから接点がなかったのだ。僕がU－20W杯ではっちゃけている時も、真人はそばで静かに見ている。そんなスタンスだった。

FC東京に加入しチームメイトになってからは、より身近に感じるようになった。同じ年齢で、Jリーグで結果を残し、代表まで上り詰める真人の姿はとても大きな刺激になったし、一緒に代表に行きたいという思いにもさせられた。まさに、切磋琢磨しながら共に成長する存在。もともと真人は意識の高い選手ではあるけれど、キャプテンになってからは、より「自分が引っ張っていかなければ」という自覚が強くなったと感じる。あまり言葉で発するタイプではないが、そういった部分を練習に対する姿勢で表していた。代表に定着してさらに上を目指すという姿勢を僕は毎日見て感じていた。真人と出会うまで、刺激し合える間柄で「僕らでチームを強くしよう！」と、なんでも言い合える、かつ、プライベートでも親友と呼べるような仲がいい選手はプロになってからいなかった。もちろん、チームが別々になった今も真人の存在は変わらず大きい。

僕が移籍する前、真人とこんなやり取りがあった。フィテッセから正式なオファーが来た翌日。ちょうど僕たちは、試合前の前泊のホテルでゆっくりと時間を過ごしていた。すると、移籍話が気になっていた真人は僕の部屋に入って来るなり、「コウちゃんどうだったの？　どう考えてんの？」と話を切り出した。僕は「今は行きたい気持ちが強いよ」と話すと、「個人としても、チームとしても行ってほしくない」と、真人は正直な気持ちをぶつけてくれた。キャプテン、そして〝東京を強くしよう！〟と共に戦ってきた親友の言葉は胸にドーンと響いた。ただ、「行ってほしくない」と言いつつも、「宏介のチャンスを潰したくないし、妨げるようなことはしちゃいけないと思ってる。（海外への移籍は）一選手としても羨ましいことだから。もし、僕がその立場だったとしても行くもんな〜」と、新たなチャレンジに深く共感してくれたのも真人だった。

オランダへ旅立つ日、真人と成田空港で会った時に不覚にも泣いてしまった。それまでに何度も開いてくれた送別会で十分泣き、涙は枯れていたはずなのに（笑）。実は当日、真人は空港に向かっている途中、渋滞にはまり、出発するまでに到着しないいんじゃないかという状況に追い込まれていた。やきもきしながら待つ僕。そして、多くのサポーターや報道陣、そして僕の家族や仲間が揃う中、最後の最後に登場した真人。なんだかサプライズ的な感じになっていたけど、そういうタイミングに到着するのも彼らしいといえば彼らしかったな。

オランダに来て数ヵ月経つが、真人ともよく連絡を取っている。真人は僕の近況を気にしてくれたり、東京のことを教えてくれたり。今は活躍の場所は異なるけれど、変わらずいいやつだ。ただ、寂しそうにしているなとはすごく感じる。シーズンが終わって帰国したら、すぐに食事に誘わないと！（笑）。

武藤嘉紀との出会い

'15年8月にマインツに移籍したよっちも僕にとっては大切な存在だ。あれだけの身体能力と実力を持ち、結果を残しながらも決して天狗にならない素直さは、あいつをあれだけ飛躍させた一番の要素だと思う。本当に調子に乗らないし、努力はするし、誰に対しても礼儀正しい。ひとつのきっかけでブレイクしたその姿を目の前で見て、ただただすごいと驚くばかりだった。後輩に代表選手がいるというのも東京に来て初めてのことだったから、真人と3人で代表に行けたらなという思いはかなり強く抱いていたし、日々意識していた。

プライベートで一緒に過ごす時間も多かったから、あいつがマインツに移籍する時、「コウちゃん、どうしたらいいかな?」と相談を受けることもあった。当時、僕はまだ海外に移籍した経験もなく、それなりの返答しかできなかったけれど。そうした移籍の経緯や彼が悩んでいたこともすべて知っていたからこそ、東京でのラストゲームの時はなんだか無性に寂しくなってしまった。自分が移籍するわけでもないのに、味スタのピッチに入場する時、サポーター席のコレオグラフィを見て、思わず泣きそうになってしまった。そして、退団セレモニーでは堪えきれず泣いてしまった。あの気持ちは親心に近かったようにも思う。
そういえば、真人とよっちと3人でよく食事に行っていたけど、なぜか会計は決まって僕になっていたな（笑）。真人は僕のほうが所属事務所（よしもとクリエイティブ・エージェンシー）の先輩だからと言い訳。さすがに後輩のよっちにはおごらせるわけにはいかなかったけど、今はよっちのほうが稼いでいるんだから、今度はごちそうしてもらわないと！　よっち、連絡待ってます（笑）。まあ、それは冗談で（笑）。移籍したマインツでも必ず結果を残すと思っていたし、海外でも活躍している彼の姿は新たな刺激にもなっている。

この先、この3人が同時に同じピッチでプレーするのは日本代表しかない。もちろん、何があるかわからない世界だから、それ以外の可能性がまったくないわけではないが、代表が最も現実的だ。今、僕は代表から遠ざかっている形になっているが、また一緒にプレーするためにも、早くその場所に戻らないといけないと思っているし、早く戻りたい。そのためにフィテッセで結果を残し続けなければならないし、それが近道だと確信している。

Episode 2
Satoshi Tsunami's Voice

都並敏史

「"自分の財産をすべて伝えたい" そう思わせてくれる選手」

宏介との出会いはもう10年以上前になるかな。僕がベガルタ仙台の監督を務めていた'05年、当時高校生だった彼が練習参加でチームを訪れたんです。顔もはっきりとしているし、明るいし、何よりも勝ち気な性格が表に現れていて、とても印象的でしたね。

当時はサイドバックではなく攻撃の選手で練習に参加していたんですが、僕は彼のようなクロスを上げるタイプの選手が好きで、実際にプレーを見ても「いい選手だな」というイメージを受けました。残念ながら獲得には至らなかったんですが、個人的には獲得したいと強く思うほど、彼は可能性を秘めた選手でした。

それに、最初に宏介のプレーを見た時、「サイドバックをやればいいのにな」と思っていたんですよ。僕の哲学として、FWの選手として今ひとつ大成できないのであれば、ポジションを下げてプレーしたほうが大成できるという考えがあったからなんですが。僕自身もそれで成功したタイプ。結果的に、今振り返ると、宏介もそれに上手くはまったんだと思います。

その後、'08年に僕が横浜FCの監督に就任し、宏介と再会。

「うわ、こんな強い選手になっているんだ」

2年以上ぶりに見た宏介は、体がひと回り大きくなっていて、高校生の時よりも数段パワーアップしていました。それはプロになって2年間、筋トレに励み、食事にも気をつけたからこその成果でしょう。アスリートは、そういう努力があってこそ成長するものですが、宏介もまた、常に鍛え続けられる、継続して努力できる選手だなということがわかりました。かつ、じっくりと彼のプレーやサッカーに対する姿勢を見ていると、サイドバックとしての適性、チャンスも十分に兼ね備えている選手だなと改めて思いました。

ただ、その前年、U－20W杯で代表のサイドバックとしてプレーする姿を見たんですが、同じサイドバックの僕から言わせてもらえば、厳しいことを言うようだけど「全然ダメだな」という感じでしたね。その当時はまだ、ディフェンスがちゃんとできないのに認められている選手という程度の印象で、しかも、横浜FCではセンターバックでプレーしていたぐらいですからね。僕の中では、「宏介はサイドバックじゃないと！」というイメージを持っていましたから。

まずは適性を見極めた後、攻撃はある程度自由にプレーさせましたがディフェンスの面に関しては、ひとつひとつのポジショニングしかり、スペースの使い方しかり、かなりみっちりしごき、また攻撃面では毎日チームの練習が終わると宏介を呼び出し、1対1でクロスが安定するようなトレーニングを行い、左サイドバックのスペースにボールを置いて、試行錯誤を繰り返しながら毎日トレーニングに励んでいました。

他の選手からしてみれば、「なんであいつだけ？」と見られていたかもしれませんが、それほど彼に対する期待が大きかったからこそ。でも、期待が大きいからといってすぐに試合で起用するということではなく、そこはシビアに〝ちゃんとできたら使いますよ〟というスタンスで向き合っていました。

「チャンスがもらえない」

半泣きになりながら愚痴をこぼしたことも一度や二度ではなかったはず。

練習試合でも活躍しているし、宏介自身も自分の中で手応えを感じている頃に、なかなかチャンスを与えられなかった時期があって。元気よく積極的に練習には励んでいるんだけど、練習が終わるとひとりポツンとグラウンドの上に座っていたことがあったかな。

でも、簡単に試合に出られるほどプロの世界は甘いものではありません。

「プロとはそういうものなんだ。だからといって、お前がダメだということではないし、他の選手も頑張っている。だから（チャンスを）待つしかない。いい状態をキープして、待ち続けるしかないんだ」

そんな言葉を掛けたこともありましたね。宏介はグラウンドで落ち込むことはあっても、常に前向きに取り組めるタイプでした。

当時20歳前後ということもあって、日々、グングン空に向かって伸びる植物のように成長は顕著でしたね。教えれば教えただけ覚えていきますし、結果や見返りが早い。だから、指導者としても、彼のような選手は本当に面白くて仕方なかった。

大きなところから細かなところまで、いつも僕の話を楽しそうに聞いてくれていました。そして、完全にそれを自分のものにするまでは絶対に忘れない。人間って時間が経つとどうしても忘れてしまいがちですが、そこで自然と復習できるかどうかが大切。宏介は予習、復習、反復を怠らない。さらに、それをちゃんと頭の中に書き込めていて、引っ張り出したり、追加で書き込めたり、自由自在に管理できる。それができるのはプロサッカー選手に限らず、アスリートにとっては非常に大きなことだと思います。

結果的に就任した年で僕は横浜FCの監督を辞める

2015年夏、焼肉屋の前にて。写真提供：太田宏介

ことになり、また、宏介も清水エスパルスへの移籍が決まり、わずか1年しか監督と選手として接することはできなかったけれど、2年、3年と一緒に戦うことができていたらな……と、そこだけはちょっと心残りというか、純粋にもう少し監督と選手として関わりたかった、プレーしてみたかったですね。

「太田がボールを持てば何かが起こる」

「あのクロスなら絶対にピンポイントで入ってくる」

「あのフリーキックなら直接ゴールに決まる」

そういったレベルに到達するのは並大抵のことではありませんし、一定の存在感を放つ選手になったことは本当に素晴らしいこと。勉強家であり、彼のベースである素直な性格が、これからもどんどんサッカー選手として成長させていくと確信しています。

今回の移籍は、さらにレベルの高いところでプレーしたいという純粋な気持ちと、日本代表復帰への思いが強いからこそ、この決断に至ったのだと考えています。ですから、28歳での海外初挑戦にもまったく違和感はありません。今、最も宏介に必要なディフェンスの強化ができる環境は整っているはず。だから絶対に大丈夫。活躍できる。

彼の活躍次第では、今後、周辺の欧州リーグへの移籍という可能性もあるわけで、そういった意味では挑戦のしがいがあるというか、めちゃくちゃ魅力のあるリーグで戦える。言語の違い、日本とは異なる環境も、宏介なら順応できるでしょう。目の前に大事なサッカーがあるからこそ、何も心配することはない。彼ならどこでも突っ込んでいける（笑）。

これから、まだまだ伸びますよ。トップリーグに比べれば少し落ちるかもしれませんが、世界中から上手いやつらが集まっているわけですからね。周りの選手のプレーを見ているだけでも勉強になるでしょうし、意識さえ高ければ、すべて自分のものにできる。間違いなく、技術面、メンタル面、戦術理解等、総合的に伸びる環境に身を置くことができていると思います。

これから宏介に必要になってくるのは、やはり守備の部分。アグレッシブにボールを奪うところと〝やられない〟バランスはどんどん伸ばしていかなければなりません。対峙する相手のレベルが上がった分、これまでと同じことをやっても（相手に）やられるというケースも出てくるでしょう。ですから、どんな相手が来ても対応できるレベルに上げていく。これは実は一番深い話で、〝予測〟などそういったサッカー以外のところで鍛えられなければならない部分がある。

例えば、飼われている猫よりも、野良猫のほうがすごく反応が良かったりするじゃないですか。そういったことが、これからの宏介には必要なんです。

相手の出方、自分のマークに対する相手の反応など、性格が真面目ゆえに、まだ一本調子で、信じきってしまうところがある。相手は騙してくるわけですからね。それに騙されないように、むしろこちらが騙していかなければならない。それが高いレベルの〝駆け引き〟なんです。

「野良猫の目になれ。野良猫の目を養え」

これが宏介に送るエールかな。

彼はパワーがある分、そういった局面をこれまでパワーで解決してきたところがある。そのパワーが、オランダに行って同等になったことでしょう。そういった意味では、これからそこの部分がさらに鍛えられ、磨かれていくのかなと思います。

オランダでいい経験ができるんだろうなと思うと、本当に羨ましい限りです。

横浜FC時代、宏介に対して僕は監督として、同じ左サイドバックの選手として、あの1年間ではすべてを伝えきることができなかった。だから、その後も、自分が宏介に伝えられることがあれば伝えたい、そう考えていました。もちろん、その気持ちは今も変わりありません。

指導者の自己満足にすぎないかもしれませんが、これだけ自分の情熱を伝え、それがある程度結果として表れ、また、彼も感謝してくれることは指導者としてはこのうえなく嬉しいこと。

「自分の財産をすべて伝えたい」

そう思わせてくれる選手です。

電話や食事で話をしたり、相談に乗ったりすることはあるけれど、やはりグラウンドの上で、そこにボールがあって……という環境で、またアドバイスすることができたら嬉しいですね。ぜひ、オランダで待っていてください（笑）。

Episode 3
Atsuhiro Miura's Voice

三浦淳寛

「常に前を向いて挑むところやサッカーに取り組む姿勢はリスペクト」

僕が'07年8月に横浜FCに加入するまで、宏介とはまったく面識がありませんでしたし、存在も知りませんでした。僕が加入した当初、宏介は僕に対して緊張感を持っていたと思いますが、話をしているうちに僕も彼の性格がどんどんわかってきて。今では一番可愛がっている後輩のひとりです。

とにかく身体能力がすごく高い選手。日本人離れしたフィジカルを持ち、クロスも優れている。また、左足はスペシャルなものを持っていたので、その頃から「これは近い将来、すごい選手になるのかな」という目で僕は見ていました。

当時よくこんな話をしたことを覚えています。センターバックを経由してサイドバックでボールをもらう時に、当然相手選手はプレッシャーをかけてきます。その場合の選択肢として当時、宏介は安全な選択をしていたんですよ。プレッシャーを受けたらバックパス。その繰り返しになっていた。

でも、彼の持ち味は果敢に前へ上がって、クロスを上げること。だから、「バックパスがダメなわけじゃない。それだけじゃなくて、逆に後ろに下げる振りをして前に行けばいい」と、相手の逆をつくようなプレーをすればいいんじゃないかとアドバイスしたんです。そういう話をしているうちに、バックパスも減り、より積極的な宏介らしいプレーが増えてきたんじゃないかなと思います。

それは、僕自身も先輩から「とにかくアツはどんどん攻撃しろ」「カウンターを受けないように、俺がお前のところをカバーしてやるから」と言われ、思い切りプレーすることができたという経験があるからこそ。僕はただ同じことを宏介にしただけなんです。

サッカーに対する姿勢は今も昔も変わらず真摯ですね。いつもすごく考えて練習にも取り組んでいましたし、「自分の課題は何なのか」という分析はしっかりとできる選手。実はそういう選手こそが伸びていく。宏介は身体能力も優れていたこともあり、かつ、サッカーに対しては常にストイックな姿勢で臨んでいたからこそ、今の位置を掴めたのだと思います。

オランダへの移籍前に相談を受けた時、僕は「絶対に行ったほうがいい」と強く薦めました。

宏介はもともと、人とコミュニケーションを取るのが上手なタイプですが、異国の文化に触れ、これまでとは違う環境でいろいろな経験を積むことで、サッカー選手としてもひとりの人間としてもさらに成長できると思ったからです。

僕自身も20歳の頃に3ヵ月と短期でしたがイタリア留学をしたことがあって、その時に自分自身でも〝変わった〟と実感するくらい確実に変化、成長していたんですよね。ですから、宏介にもそういったチャンスがあるのであれば、ぜひチャレンジしてもらいたいな、という気持ちがありました。もちろん、Jリーグでプレーしていても得られるものはあると思いますが、異なった環境に身を置くことは、新たな視点を得られますし、お金以上の価値があると思っています。

宏介は28歳という年齢でオファーを受けましたが、年齢的には、これが最後の（海外挑戦の）チャンスと言ってもいいでしょう。ただ、若く、いい選手が多くプレーする中で、そういったオファーが届いたことは本当にラッキーなことですし、逆に、そういう幸運も宏介が自ら引き寄せたものだと思っています。

僕が仕事のため1月にドイツに滞在していた時、デュッセルドルフで宏介と食事をする機会がありました。日本にいる時の宏介は、すでに自分の立ち位置も確立されており、表情にも会話にも余裕が感じられました。その時はオランダに行ったばかりで、まだ現地の環境に慣れる真っ只中。向こうのピッチが人工芝だとはわからず、取り替え式スタッドのスパイクしかなくて、それを履いてプレーして足がすごく痛かったとかそういう話をするんですけど、表情がすごく生き生きしていたんですよね。「よし、やってやろう！」という強い気持ちも十分伝わってきた。そこで「この移籍は正解だったな」と改めて思いました。

海外で、しかもチームの中で上から2、3番目という年齢で自分がチームを引っ張っていかなければならないとなれば、やるべきことはたくさんあると思います。コミュニケーションという部分もそうですし、自分のプレーを周囲に把握してもらい、なおかつプレーで引っ張っていくことも求められる。もちろん、FC東京でも我慢する部分は本人の中ではあったと思いますが、むしろ、僕はたくさん我慢をすればいいと思っています。それができれば間違いなく成長できるはず。

そしてステップアップするために必要なのは結果！クロスという武器を最大限に活かして得点に繋げるシーン、その回数を増やすことが必要になる。毎試合コンスタントに結果を出し続けてほしいですね。

僕は一緒にプレーした選手や一生懸命頑張っているプロ選手にはすべてリスペクトの気持ちを持っています。宏介に関して言えば、そんな中でもより仲が良く、

2016年1月末、ドイツ・デュッセルドルフにて。写真提供：三浦淳寛

近い存在。13歳と年齢は離れていますが、常に前を向いて挑むところやサッカーに取り組む姿勢など、後輩ですがリスペクトしています。

そんな彼の力に僕が少しでも役に立てているのであれば嬉しいですし、これからも自分が経験したことを伝えていければなと思っています。今、慣れない環境に身を置きながら、その中で自分の将来や目標を設定し、そこに向かって頑張っている宏介の姿は刺激になっているし、僕も目標に向けて、宏介に負けないように頑張っていかなければという思いが強いですね。

あえて、宏介にひと言あるとしたら、ちょっとボールの持ち方は気になるかな（笑）。宏介には余力があるというか、潜在能力は今後まだまだ伸ばせると思います。

これから、太田宏介がどんなふうに変化していくのか楽しみにしています。

Episode 4

Shinji Ono's Voice

小野伸二（コンサドーレ札幌）

「努力を惜しまない紳士的ですごく心が澄んでいる男」

宏介とは僕が清水エスパルスに移籍した'10年、そして'11年と2年間一緒にプレーしました。第一印象は正直あまりよく覚えていないんですが、基本的には明るい、気さくな選手というイメージがありました。

僕は（原）一樹（現ギラヴァンツ北九州）と仲が良かったんですが、宏介は一樹と辻尾（真二・現ツエーゲン金沢）と一緒にいることが多くて、その繋がりで一緒に食事に行く機会が増えたような気がします。

常にその場を盛り上げよう、みんなを楽しませようという努力を惜しまないのが宏介であり、彼の良さ。僕は楽しませようと思っていても、なかなかそれを行動で表せないタイプだったので、行動的な彼がとても羨ましかったし、一緒にいて楽しかったですね。

一緒にプレーした中で印象に残っているシーンは、'11年、清水エスパルスのホーム・日本平スタジアムでの大宮戦（J1リーグ第21節8月13日）ですね。左サイドを突破した宏介から入った超低空のボールを僕が合わせて決めたんですが、あのボールじゃなかったらきっと僕もゴールできていなかったと思います。本当にピンポイントだったんですよ。最近ではそういったピンポイントのクロスの精度がさらに高くなっていて驚いているんですが、当時から左足のキックはいいものを持っていた。その後、宏介はＦＣ東京へ移籍し、チームが変わったことで本当に自分が求められているものを感じ、そして追求し、さらにはより一層責任感が加わったことで、急成長を遂げた。またひとつ、自分の殻を破ることができたんじゃないかなと思います。

「こいついいキックを持っているな」

それは当時、日々の練習の中でのプレーを見ていて僕が感じていたことです。ただ、そこから伸びるか伸びないかは、結局のところ自分次第。彼の場合はものすごく一生懸命トレーニングに励んでいましたし、そういった積み重ねが、東京でさらに陽の目を見ることになったのだと思います。

常に僕は、僕に伝えられるものがあるのであればそれは後輩にも伝えたいし、後輩にはそれをまたさらに下に伝えていってほしいなという気持ちでいます。ただ、それは強制的なものではなく、その中からいいものだけを吸収してくれればと考えていて、そういった意味でも宏介は、いろいろな人の話を聞く耳を持っていたし、そういうことができる選手だったからこそ、どんどん成長できるのだと感じました。

見た目はちょっとチャラいなというイメージで受け取られがちだけど、とてもしっかりとしていて真面目。紳士的ですごく心が澄んでいる男です。でも、おちゃらけた部分も見せる。そういったギャップは人間的にも魅力的だと思うし、男女問わず惹かれるところ。チームメイトの誕生日には１００％以上の力で盛り上げてくれて、ピッチ内外でチームのことを考え、全力を尽くしてくれた宏介。チームメイトとしてプレーしたのは２年くらいと短いですが、そういった人柄は本当に好きですね。もちろん選手としても。

そういえば、僕がシドニー（'12〜'14年にウェスタン・シドニー・ワンダラーズFC／オーストラリア）でプレーしていた時、宏介と岡根（直哉・現FC岐阜）が一緒にオーストラリアまで遊びに来てくれたことがありました。あの時はふたりがうちに泊まったんですけど、3日間フルに遊んで帰りました（笑）。でも、オーストラリアまで来てくれて嬉しかったですし、すごくいい子たちなので僕も楽しかったです。

今年、宏介がフィテッセに移籍するにあたっては、食事の席で偶然一緒になる機会があって、そこで「移籍することになると思います」という報告をされました。僕も最初に海外に行った地がオランダだったということで、不思議というか、縁のようなものを感じます。オランダはステップアップの第一段階としてはすごくいい環境。激しいリーグでもあるし、なおかつ周辺の国もよく見ることできる。次のステップを考えるうえでは、非常にいい環境に行ったのではないかなと思います。言葉の壁というのは少なからず感じるかもしれませんが、あいつの性格ならすぐに仲間を作ることができるはず。どんな環境でも順応できるキャラクターを持っているので、僕は何も心配していませんし、宏介なら必ず成功するだろうというイメージしかありません。

自分が持っているものを100％出せなければ応援してくれる人はいないと思う。行くからには向こうでも一試合一試合大事にして、チームにサポーターに、愛されてほしい。

メディアを通して、僕の存在が大きいとか早く近付けるようにという話をしてくれているようですが、宏介は宏介。自分の色を発揮して、〝フィテッセの太田宏介〟という存在を示し、その名を刻んでほしいですね。

宏介は今回、28歳での海外移籍となりましたが、僕

2011年2月20日、Jリーグ プレシーズンマッチ 清水エスパルスvs横浜F・マリノス
写真:日刊スポーツ/アフロ

は挑戦することに年齢は関係ないと考えています。僕自身、現在36歳ですが、今でもチャンスがあれば挑戦したいという気持ちを持っているほど。要は結果を残せばいいんです。海外で年齢を気にして生活している人なんて誰もいませんからね。年齢が上だろうが下だろうが、気持ちいいくらい関係ないし気にしていない。まずはオランダで活躍して、そこからビッグクラブへ移籍してくれたら嬉しいですね。その時は航空券とホテル、全部ひっくるめてセットで観戦に来てほしいと僕にオファーが来ると思うんですよ(笑)。そういうのは大いに期待したいですね! あと、僕がフィテッセに練習参加することがあったら、その時はよろしくお願いします(笑)。

Episode 5
Yoshinori Muto's Voice

武藤嘉紀（1．FSVマインツ05）

「宏介くんに人生を変えてもらったと言っても過言ではない」

「絶対にこの人と仲良くなりたい！」

明るくてFC東京の中心的存在だった宏介くんの姿は、僕の憧れの存在でした。

でも、最初はなかなか自分から声を掛けられなかった。そんな時、夏の秋田合宿で偶然同部屋になったんですよ。最初はかなり緊張したんですが、話をすると僕が想像していた通り、本当にいい人で。先輩、後輩にかかわらず、誰に対しても同じ態度で接してくれる。あの秋田合宿で宏介くんと同部屋になれて本当にラッキーでした（笑）。

合宿のオフには自転車に乗って一緒に出掛けて、海に飛び込んで遊んだり、「ラーメン屋に行くぞ！」と誘ってもらって、ふたりでラーメンを食べに行ったり。些細なことが嬉しかったし、楽しかった。それ以来、ピッチ外でも仲良くさせてもらって、どこに行くにも一緒でしたね。

僕がFC東京在籍中は一緒にいる時間が長かったけれど、それは人間的に好きだったから。だからこそ、僕は「宏介くん！　宏介くん！」となっていたんだと思います（笑）。あれだけ人間性に優れている人はそうそういないだろうし、かつ面白いのも宏介くんならではの魅力。一緒にいて楽しいし、いつも幸せな気持ちでした。すごく優しいし、気遣いができる人だから、宏介くんといると、なんだかいつも女性になった気分になる（笑）。自分が女性だったら、猛アタックして宏介くんと付き合いますね（笑）。実際に男女問わずモテると思います。

遊びに連れて行ってくれる時も、いつも後輩に惜しみなく嫌な顔ひとつせずお金を使ってくれました。「お前らに食べさせるのなんて、ノープロブレムだ。楽しんでくれればそれでいい」って。僕も後輩に対して同じようにしたいと思いましたし、後輩にはそうしなきゃと思わされた、そんな瞬間でした。お金を出す、出さないということではなく、そういった気遣い、大きな心が本当に素晴らしい。

プライベート、そしてサッカー面含めて、すごく信頼し、憧れていた存在。常々「見習いたい」と思っていたので、いつも宏介くんには相談していました。

昨年8月にマインツ（ドイツ）に移籍する際、その前段階でチェルシー（FC／イングランド）他、さまざまなクラブから移籍の話があった時も、最初に相談したのが宏介くんでした。他に相談する相手もなく、自分もすごく苦しかったので、宏介くんに相談していたんです。そんな時にこんな言葉を掛けてくれました。

「俺はお前が本当に羨ましい。こんな若くして海外に行けるなんてなかなかないぞ。だから、失敗しても全然いいし、万が一、ダメだったとしても戻ってくればいいじゃん。それでサッカー選手として終わるわけじゃないんだから。挑戦する価値は絶対にあるよ」

自分は改めて幸せなことで悩んでいるんだということを教えてもらいました。覚悟を決められたのも、宏介くんの言葉あってこそ。移籍に関してナイーブになっていた時に、僕の背中をポンと押してくれたのは間違いなく宏介くんでした。

ピッチ上においては、僕が言うまでもありませんが、やはりクロスとキックの質はずば抜けている！　僕がドイツでプレーしている中で、宏介くんほどのキック、クロスの質を持った選手にはまだ出会っていません。プレーしながらも、「あー、これが宏介くんのクロスだったらな」と思うこともたびたび。それほど、互いのプレーをわかり合っていたんだと思います。

印象に残るのは、FC東京のホームで戦った、川崎フロンターレ戦（J1リーグ1stステージ第9節'15年5月2日）。1-1で迎えた後半87分。宏介くんの完璧なフリーキックから、僕がヘディングで逆転ゴールを決めたんですよ。あのシーンは「絶対に来る！」と思っていましたね。点を取るのならここしかないだろうという場所にドンピシャで合わせる。そして、狙い通り決めることができた。満員の味の素スタジアムで決めたこともあり、すごく気持ちが良かったし、思い出に残っています。

宏介くんからのクロスやプレーは僕にとっての生命線。そして「芸術」。あれは本当に真似をしてみろと言ってもできるものではありません。本当に素晴らしい選手と一緒にプレーすることができて良かったなと思うし、宏介くんのおかげで僕はブレイクできたようなもの。宏介くんと巡りあえた運命に感謝しています。

今回、宏介くんがフィテッセへ移籍するにあたり、「よっち、俺、行くかもしれない」と教えてくれました。日本であれほどのキャリアを積んでいれば、その安定を捨ててまでチャレンジを選ぶことはなかなか難しいはず。だけど、宏介くんはそこで挑戦を選んだ。28歳という年齢での挑戦は、決して早くはないだろうし、おそらく厳しさもあるとは思いますが、そういった状況でも前向きに、積極的に挑戦する姿は男らしい

2016年3月末、ドイツの武藤家にて。写真提供：太田宏介

し、「さすがコウちゃん！」という感じです。

　また一緒のチームでプレーするのであれば、この先は代表でということになると思いますが、代表ではもちろん、最後に宏介くんと同じチームでいられたらいいな。同じチームに2年も一緒にいませんでしたが、人間的にも、そしてひとりのプレーヤーとしても、オランダでも必ず成功できると信じています。

　最後に、普段あまり面と向かっては言えないけれど、この場を借りて「ありがとう」という言葉を伝えたいです。正直、宏介くんがいなかったら、今の自分があるかどうかはわからない。あのクロスがなかったら、あれだけFC東京でゴールを決めることはできていなかっただろうし、宏介くんの姿を見て「こういう選手になりたい」と、ロールモデルを身近に感じられたからこそ、今の自分がある。大げさかもしれないけれど、宏介くんに人生を変えてもらったと言っても過言ではないと僕は思っています。

Episode 6
Masato Morishige's Voice

森重真人（FC東京）

「お互い意識しながら高め合っていける関係」

宏介と最初に会ったのは、'07年U－20W杯前のトゥーロン国際大会かな。試合中に「やろうぜ!」というような、ちょっと強めの言葉を掛けた記憶はありますが、でもそれくらいしか覚えていない。当時はほとんど絡みもなく、宏介が'12年にFC東京に移籍してくるまでは、ほぼ話をしなかったですし、ましてや連絡先も知りませんでした。

宏介の情報といえば、左利きで左サイドバックの選手というくらい（笑）。どんな性格でどんな選手なのか、詳しいことはまったくわかりませんでした。宏介がFC東京に加入した当初も、食事に行くことも、ふたりで出掛けるということもあまりなかったんです。よく絡むようになったのは、ここ2、3年くらい。宏介が食事に行くというので、「俺も行っていい?」という感じで入っていったのが最初かな。いろいろと面白い話を聞かせてくれるので、一緒に行ってみたいなという気持ちになったんです。僕は自分から積極的に行くタイプではないので、宏介が誰とでも仲良くなるキャラだったからこそ、仲良くなれたと思います。そこが一番大きかったんじゃないかな。

一緒にいて感じたのは、本当にマメで気遣いができる人ということ。常に自分のことだけではなく、周囲のことを考えながら行動してくれるんです。だからこそ、一緒にいて居心地がいいですし、宏介はどう思っているかわかりませんが、いろいろな話もできるので楽しい。人との接し方という意味では学ぶ部分が多いですし、実際に、いいところは参考にしています。

宏介は自分自身のことに関して積極的なことはもちろんですが、人と人を繋げるのが上手い。チームの中でもおちゃらけながらも、みんなでコミュニケーションを取れるようにしたり、積極的に食事会を企画したり、親交を深められるような機会を作っていました。

また、サッカー以外の舞台でも、コミュニケーション手段や能力に長けていましたね。誰とでも仲良くでき、誰にでも同じように接することができる部分は、自分にはないもの。すごく魅力的な部分ですし、いつも本当に羨ましいなと憧れの眼差しで見ています。あれは天性のものでしょうね。おそらく意識してやっているものではない。常に自然体。話し方ひとつにしても、雰囲気でも、ひと言ひと言や行動が、相手に安心感を与える。だから、同じ日に僕と宏介が初対面の人に会うと、必ずと言っていいほど、宏介のほうが先にその方と仲良くなるし、関係性も深くなる。そのあたりは彼自身がマメな性格で、人懐っこくて誰にでも愛されるからこそ。自分が真似をして同じことができるかといったら、できないだろうなと思います。

サッカーの面でもポジションは異なりますが、刺激を受ける存在です。例えば日本代表で僕が試合に出ていない時に宏介が左サイドバックで試合に出ていると、「僕も出たいな」という思いにもなりますし、「一緒に試合に出場したい」という強い気持ちも生まれる。同じ年齢だからこそ、否が応でも意識してしまうところがあります。たぶん、宏介も僕のことを意識していると思いますし、そういった意味ではお互い意識しなが

2015年7月15日、J1リーグ2ndステージ第2節 FC東京vsアルビレックス新潟
©J.LEAGUE PHOTOS

ら高め合っていける関係性も築けている。

フィテッセへの移籍に関しては、話があることは以前から聞いていました。ただ、その前から宏介とは「東京でタイトルを獲りたい」という話をしていましたし、これから東京でお互いにどういうキャリアを築いていくかというような未来についての話もしていたんです。

とはいえ、そういう話をしながらもお互い、実際に海外クラブから話があった時にどういう決断を下すのかは、その時になってみないとわからないなと思っていました。だからこそ、フィテッセから話があった時、宏介はかなり悩んだと思いますし、決断までいろいろなことを考えたはずです。僕はそこであまり口を出したくないというか、正直、口を出せなかったですね。

移籍の詳細を聞いた時も、決して悪くない、いいチャンスだと感じました。自分が宏介の立場でも本当に悩んでいたでしょうし、なかなか答えを出すことはできなかったんじゃないかなと思います。ですから、そこにはあまり触れず、宏介がしっかりと考えて導き出した決断を応援したいと考えていました。宏介から「決めたから」とはっきり言われたわけではなかったけれど、「たぶん移籍するんだろうな」と雰囲気的なものは薄々感じていました。でも僕は行かないものだと思っていましたね。それは、宏介の決断を尊重するという気持ちがある反面、正直、行ってほしくないという気持ちもあったからかもしれません。

実際に移籍をして、もちろん寂しさはあります。一番長い時間、一緒にいた選手でもあり、一番仲も良く、最も話をした選手ですからね。宏介がいなくなると、友達がいなくなってしまう（笑）。去年の夏、よっち（武藤嘉紀）がマインツに移籍し、今度は宏介がオランダへ旅立ち……。いつも3人でいたのに、ふたりがいなくなってしまって本当に寂しいですよ。どうしようもないけど、新しい友達を探します（笑）。

チャンピオンシップ出場権のかかったリーグ最終戦、対鳥栖後（J1リーグ2ndステージ第17節'15年11月22日）の落胆はものすごかったですね。本当に悔しかったです。1年間チームとして積み上げてきた中で、（マッシモ・フィッカデンティ）監督と一緒に優勝したい、宏介と優勝したいという思いが強かったので。とにかく宏介とリーグ戦を獲りたかった。それを実現できなかった悔しさが試合後、じわじわとこみ上げてきました。宏介もどれだけあの試合に懸けていたか、それは宏介が泣いている姿を見てわかりました。

そして宏介との最後の試合になった天皇杯準々決勝のサンフレッチェ広島戦（'15年12月26日）。僕が退場してピッチをあとにする時に、キャプテンマークを宏介に渡したのは、最後に宏介に巻いてほしいという気持ちと、まだ試合をひっくり返すチャンスがある中での退場になってしまい、申し訳ないという気持ちからでした。退場する時に、偶然宏介が見えたというのもありますが（笑）、「宏介につけてほしい！」と思ったのは本心です。宏介の腕にキャプテンマークを巻きながら、「頑張ってくれ」「申し訳ない」という思いでポンッと背中を叩きました。

天皇杯で勝って、気持ち良く宏介を送り出したいと考えていたので、試合後には感慨深いものを感じるのかなと予想していたんですが、その時にはもう気持ちが整理できていたようにも思います。心の準備ができていたというか……。送別会をやりすぎたというのもあるんでしょうけど（笑）。本当に普通に食事に行くのも含めて、一体何回やるんだっていうくらい、送別会を開催していましたからね。送別会では毎回、宏介は泣いていました。最初のうちは泣くのもわかるけど、3回目くらいには「まだ泣くの？」という感じで（笑）。でも、それくらい寂しかったんだと思います。実際、「こんなに好きなチームはない！」とか「本当に寂しい」という言葉が何度も出ていました。でも、その言葉は宏介の本心でしょうし、涙を流すということは、FC東京、そして仲間に対して相当な思いを抱いていたんだと思います。

1月3日に成田空港の見送りの際、僕は途中、渋滞にはまってしまい、ギリギリ到着になってしまったんです。その時の記事は、僕がサプライズ演出的な感じで登場したことになっていましたが、当の本人はもう冷や汗もので（笑）。ようやく到着したと思ったら、宏介はまた成田空港でも涙。「えっ、また泣くの？」と思いましたよ（笑）。びっくりでした。あの時、宏介になんて言葉を掛けたのか、実は覚えていないんです（笑）。まさか、あんなに多くのサポーターの方々が見送りに来ているなんて予想していなかったですし、宏介が泣いたこと自体にも驚いてしまって。でも泣きますよね。寂しいですよね。僕らは日本にいて、みんないるので寂しくありませんが、ひとりでオランダに行くわけですから。しかも、彼は生粋の寂しがりですからね（笑）。東京にいる時もひとりでご飯を食べることがなかったくらいです。常に誰かと一緒。だからこそ、フィテッセへ移籍するという決断をした時は、そういった意味でも強い思いが伝わったというか、本当にすごいなと感じたんです。

今回の移籍は、僕が言うまでもありませんが、相当な覚悟を持って臨んだこと。宏介の中ではA代表というものがひとつ大きな存在になっていると思います。最近メンバーに入っていなかったので、自分で何かを変えなければと感じていたはずです。そういうタイミングに移籍の話があって、結果的に自分が新しくチャレンジすることで、何かを変えたいと。彼に聞いたわけではないので真実はわかりませんが、僕はそう思っています。代表への思いが、オランダというところに繋がったのだと。

次に宏介と一緒にプレーできるとしたら、それは日本代表しかない。昨年11月のW杯アジア2次予選のシンガポール戦で、元大分（トリニータ）勢が縦のラインで揃いましたが（※森重、金崎夢生、清武弘嗣、西川周作が先発出場）、あの時は自分たちはもちろん、大分のサポーターの方にも喜んでいただけたと思うんですね。そういった形で、代表でFC東京出身の選手が同時に試合に出場できれば、東京のファン、サポーターの方たちにも誇りに思ってもらえるのではという思いがあります。もちろん、純粋にまた宏介と一緒にプレーしたいという気持ちも強いですけれど。

僕にとって太田宏介の存在とは——。

お互いの誕生日には、いつもプレゼントを贈っていたんですが、それ以前に雑誌を見たり、買い物に行った時に「これいいよね」と話をしていたのを覚えてい

2015年12月21日、Jリーグアウォーズにて。写真：アフロスポーツ

て、サプライズ的な感じで渡していたんですよ。これって彼氏彼女みたいですよね（笑）。嫁にもそんなことしたことないのに（笑）。でも、時間に換算したら、それこそ家族よりも長い時間一緒にいましたからね。なんでしょう……。恋人以上家族未満の存在かな。うちの家族が嫉妬する存在です（笑）。

ＦＣ東京とフィテッセ、プレーする場所は異なりますが、宏介が「（東京を）出なければ良かった」と後悔するくらい、僕はチームメイトとともに結果を残さなければならない。もちろん、宏介に限らず、過去、ＦＣ東京に在籍していた選手が「ＦＣ東京にいたんだよ」と自慢できるくらいのビッグクラブにしていかなければと思っています。そういう選手たちが誇りに思えるクラブを、これから僕たちが作っていきます。

宏介に言いたいこと？　う〜ん……ないですね。もしあるなら直接言いますよ！（笑）

第3章
原点

太田家の生活

僕には6つ年上の兄がいるが、兄を産んだ後、母は「次は女の子が欲しい」と考えていたようだ。洋服も女の子用を買っていて、写真にも残っているが小さい頃はよく女の子の洋服も着せられていた。しかも、「幼い頃は女の子だったんだよ」と言われて育ったので、小学校低学年くらいまでは自分自身も「最初は女の子だったんだ」と信じ込んでいた。

小さい頃は、たぶん「僕」と言えなかったからだと思うけれど、自分のことを「トトト」と呼んでいた。幼なじみのみずきちゃんという女の子のことは「ぴーちゃん」(笑)。幼稚園の頃は、毎日「チャクちゃん」という茶色のテディベアのぬいぐるみを抱いて寝ていた。お泊り保育の時には、「チャクちゃん」を連れて行くことができず、泣いて周りを困らせたこともあったらしい。ちなみに、その前に持っていたテディベアの名前は「ククク」。ちょっとわけのわからないネーミングセンス。理解不能だ(笑)。

小さい頃から父がいない生活が続いていたが、それは僕にとっては普通だった。母からは「パパは仕事で忙しいから」と聞いていたからそう思っていたし、母と兄と3人で生活

1992年5月、兄・大哉と漫画を読みながら。

することが普通になっていた。物心つく頃には、他の家庭とは違うんだなということを理解していた。傍から見れば母子家庭と見えたかもしれないけど、そんなことはまったく気にしなかったし、コンプレックスとも捉えていなかった。「寂しいな」と感じたこともほとんどない。3人でいることが本当に幸せだったから。もちろん、友達の家に遊びに行き、友達がお父さんの膝の上に乗ったりする姿をたまに見ると、「羨ましいな」と思ったことはあったけれど。

母から聞いた話によると幼い頃の僕は、父がほぼ不在という状況の中、日常生活で〝父親〟を感じられることがほぼなかったためか、たまに父が家に帰ってくると父親と認識はしていても、一定の距離を保っていたようだ。すぐに母の後ろに隠れてしまい「早く帰ってほしい」とずっと言い続けていたらしい。でも、帰ったら帰ったで、今度は「次はいつ来るの？」と聞く。子供ながらも、大きなストレスを感じていたのだろう。ただ、物心がついてからは、そんなストレスを感じることはなかった。3人で生活することが当たり前になっていたからまったく気にしなかったし、熱中できるサッカーがあったからかもしれない。

「宏介」という名前は父の名前の一文字を取って名付けられた。父は最初、自分の仕事と関係のある「モンド」と名付けたかったらしい。兄の名前が「大哉（だいや）」だから、兄弟でダイヤモンド！　そこは祖母が泣いて止めたようで、結果的にその名前にはならなかったのだけど。昔は兄の名前のインパクトが強すぎて、自分の名前にコンプレックスを感じていた時期もあった。今でこそ、「宏介」と名前で呼ばれることが多いけれど、小、中学生の時はいつも苗字で呼ばれることが多く、名前で呼ばれる兄が本当に羨ましくて仕方なかった。もちろん、今は「宏介」という名前をとても気に入っている。みんな名前で呼んでくれるし、自分でも「宏介」っぽい顔をしているとも思うから（笑）。特別な理由はないけれど、名前と自分自身がすごく合っている気がする。だからこそ、愛着も湧いている。

実は「太田」という父の姓が好きじゃなかった。だから両親が離婚する際、母親の姓に戻すかどうするかという話になった時はものすごく悩んだものだ。ただ、当時はすでにサッカーである程度「太田」という名前が地域の中で通っていたし、突然姓が変わるのも、思春期の少年としては受け入れがたいところもあった。だから「太田でいいよ」と通したけれど、今となっては変えても良かったのかなと思うこともある。

両親の離婚

中学1、2年の頃、母に一度、サッカーを辞めたいと言ったことがあった。おそらく、母にそう言ったのは後にも先にもその1回しかない。ちょうどその頃、太田家の家庭事情は急激に変化している時期だった。3人での生活になんの違和感もなかったのだが、母と父の関係に少しずつ変化が現れ、母が塞ぎ込むことが多くなった。あきらかに、疲労困憊していた。そんな母の姿はそれまで見たことがなかった。

徐々に、兄や母からも家庭の事情を聞き、なんとなく離婚するのかなという予感はしていた。詳しい事情はわからなくても、母がつらい思いをしていたことだけは、中学生の僕にも伝わってきた。離婚直前、母は荷物をまとめて家を出ていこうとすることもあった。どう考えても普通の行動じゃない。その度に母に泣いてしがみつき、必死に引き止める。そんな母を見るのは子供としてもつらかった。

そういう姿を何度か目にしていたからこそ、離婚する数ヵ月前から「離婚したほうが幸せになる」と母に言い続けていた。親にしてみれば子供に離婚の事実を伝えることは子供が想像する以上に心苦しかっただろうし、そこには複雑な思いも絡み合っていただろう。

息子ふたりから「離婚したほうがいいよ」と言われ続けたことで、母が少しでも肩の荷を下ろしてくれたのなら、それは本当に良かったと思う。そして父と母は離婚した。

思春期に両親の離婚を受け入れることの難しさ——。それがまったくなかったわけではないけれど、これまでの状況を見ていただけに受け入れるしかなかった。それに今、自分が何をしないといけないのかと考えた時、自分にできることは母を守ることだった。母に余計なストレスを与えてはいけないという気持ちが強かったから反抗期はなかったし、そういった意味では同世代の友人たちに比べるとかなり大人な中学生だったんじゃないかな。

新しい生活の始まり

必要最低限の物だけを持ち、一軒家から古びたアパートへ引っ越し、新しい生活をスタートさせた。

最初はテーブルを置くスペースもなく、小さなちゃぶ台を居間に置いていた。引っ越した当日の夜、そのちゃぶ台を囲んで短い時間ではあったけれど密度の濃い時間を過ごした。

今でも時々思い出すことがある。それはあの日、3人で誓った約束だ。

「1日でも早くここから脱出しよう」

その言葉を実現するために、明確な目標を話した。僕の目標はもちろん「プロサッカー選手になる」こと。兄は「大学を卒業して、起業して稼ぐ」こと。ふたりは母の前で固く誓った。

「絶対に母親を幸せにするんだ」

この先、僕たち家族はどんなことがあっても、ひたすら前を向いて進んでいく。とにかく、まずは「今」を精一杯生きよう、そう思った。おそらくこの頃からだろう。3人で一緒に食事をすることが増え始めたのは。それ以前は家族揃って食事するなんて、ほぼ皆無に等しかった。家族の時間を大切にしようとしていただけに、必然とそういった時間が増えていった。

3人での生活は金銭的な余裕はなく、まさに底辺からのスタートとなった。

専業主婦だった母は生活のため、社会に出て働いた。朝起きると弁当を作ってから仕事に出掛け、1日中働き続けた。それまで外で働く経験がなかった母。きっと当時は仕事で大きなストレスを感じていただろうし、つらい思いも多々感じていたはずだ。でも、そんな姿は僕らの前では一切見せなかった。

一方、新しい環境に馴染むことが苦手な性格だった僕は、転校はせず、学区外から通学することになった。歩けば1時間弱の距離。隣の中学校の生徒には絶対に会いたくなかったから、早朝に自宅を出発し、自転車で友達の家に向かう。友達の家に自転車を置かせてもらい、友達と一緒に歩いて通学。それを中学卒業するまで繰り返した。

両親の離婚後も、サッカーは変わらず続けていた。子供ながらそれなりに家庭の状況を理解していただけに、わがままは許されないと思っていた。だから、高いスパイクが欲しいなんて口が裂けても言えなかった。ボロボロになるまで履きつぶしたスパイクを見て、母は、「買ってあげようか?」と気を使ってくれたけど、サッカーのスパイクは決して安くはない。どうしても必要な時だけはあまり高くないものを選んでリクエストしていた。

偉大なる母

高校卒業後、プロサッカー選手になることは大きな夢であり、そして目標だった。ただ、家庭の状況も踏まえ、大学進学の道と同時に、卒業して働くという選択肢も視野に入れていたのも事実だ。母はそんな僕の気持ちを察し、いつも「サッカーを続けて！」と言ってくれていた。大学へ進学し、サッカーを続ければ当然ながらさらにお金はかかる。それでも、母は僕からサッカーを取り上げるようなことはしなかった。

結果的には、最後の最後で横浜FCから声が掛かり、プロサッカー選手になる夢が叶った。それは、目標達成に対して強く願い、そこに向けて邁進していく自分自身の意志の強さはもちろん、夢や目標に向かって追い続ける自分を、いつも全力で応援してくれた母の存在があったからこそ、掴むことができたと確信している。

離婚後、家族のために身を粉にして働いていた母の姿。あの頃、限られた収入の中で一体どのようにお金のやり繰りをしていたんだろうと不思議に思うことばかりだ。パート勤務だったからそんなに稼いではいなかったはずなのに、その中で息子ふたりを大学まで行かせようとしていた。サッカーにかかる費用も決して少なくなかったと思う。極限の精神状態の中で働きながらいつも笑顔で、兄と僕をひとりで支え続けてくれたんだなと思うと胸が熱くなる。母の存在は、偉大すぎるほど偉大だ。

いつか自分が結婚して子供が生まれて親の立場になった時は、母のような立派な親になりたい。そのためには人として、これからさらに成長していかなければならない。

両親が離婚した時、僕らがそこで一度下を向いたのは間違いない。しかし、同時に「絶対にもっと幸せになってやろう！」と前向きになれた瞬間でもあった。苦しい状況に対して後ろ向きになるのではなく前を向くことで、挫折を乗り越えられた。それは自信を持って断言できる。そういった経験が僕ら家族を強くし、深い絆を結んでくれたのだ。

兄は父親のような存在

母同様に、僕にとって大切な存在が兄・大哉だ。

兄は父親のような存在でもある。両親が離婚した時、兄は21歳。まだ大学生だった。大学生といえば最も楽しい時期で、実際、兄もよく遊びに出掛けていて、あまり家にはいなかった。ただ、両親の離婚後は人が変わったようにと言うと大げさだけど、家計を助けるため、家族を支えるため、学校以外の時間はほとんどバイトに費やすようになった。しかも、後になってわかったことだけど、両親の離婚の際の手続きも兄が一手に担っていた。母と父の間に入るなんて、精神的にも容易なことではない。自分の立場に置き換えて想像しても……考えられない。その行動力は本当に尊敬に値する。兄がいなければ僕も両親の離婚にスムーズに対応できていなかっただろう。

父親のような存在と言ったけれど、3人で新しい生活をスタートさせたばかりの頃はあまりそうは思わなかった。父親のような存在だなと思い始めたのは離婚後1年ほど経過した頃。あらゆる局面で家族を支える兄の姿を見て、「この人がいないとうちは成り立たないんだろうな」と、痛いほど感じるようになっていた。

兄とは年齢が離れているから喧嘩した記憶はほとんどない。ただ、人の道に反するようなことをした時にはめちゃくちゃ怒られたし、思い切り殴られたこともあった。あれは確か中学生の頃。兄に怒られるようなことをしでかして、自宅の玄関前で、しかも友達がいる前で殴られた。僕よりも体格がいいし力も強いから、殴られた時は「おい、宏介やばいよ」と友達も驚くほどの勢いだった。自分が悪いことはわかっているからこそ、何も言えなかった。そういった意味でもまさに父親代わりだった。

そんな兄と深く語り合うようになったのは、兄が25歳、僕が19歳の冬だ。クリスマス・イブの夜、ひとり深夜バスに乗って西へと向かった。仕事で大阪暮らしをしている兄を訪ねるためだ。兄の仕事が終わるまで時間を潰して、その夜、ふたりで食事に出掛けた。ふたりの関係性に変化を与えるきっかけになった夜。それまであまり話をしなかったお互いのことをざっくばらんに打ち明けた。ふたりとも少し大人になったからそれができたのかもしれない。

恋愛話をしたり、恋愛話以外にもとにかくいろんな話をしたり。兄に対して初めて本音を明かした瞬間だった。その夜をきっかけに、包み隠さずなんでも話せるようになった。家族のこと、将来のこと、人間関係のこと……。とにかくよく話すし、相談にも乗ってもらっている。練習の帰りなど暇さえあれば兄に電話をしていたくらい、連絡を頻繁に取るようになった。オランダに来た今は、時差の関係もあってＬＩＮＥでのやり取りが多いけれど、日本にいる時と変わらず連絡を取り、互いの近況報告をしている。

今の自分があるのは、母の存在はもちろん、父親代わりを務めてくれた兄の存在も大きい。兄は大学を卒業して2年後の24歳の時に起業しているが、その勇気や思考、そして決断力は自分にはないものだ。さらに、ビジネスで成功を収めていることも、身内だからということではなく、ひとりの男、ひとりの人間として心から尊敬している。

兄から教わったポジティブ思考

僕が最も大事にしていたものがある。それは兄からもらったロレックスの時計だ。高級な時計ということもあったけれど、それは、ちょうどFC東京に移籍した頃にプレゼントされたもので、とても大切にしていた。まだお金がない頃に兄が自分で購入し、大事に使っていた時計だった。宝物のように愛用していた時計を託してくれた兄。譲り受けた大事な時計を、よりにもよって遊びに出掛けた場所で紛失してしまったのだ。

普段あまり落ち込むことはないけれど、その時ばかりは1週間ほど引きずった。買おうと思えば買えるけど、それでは意味がない。兄の想いが詰まった世界でたったひとつしかない時計だから。紛失した当日、大泣きし、兄にひたすら謝り続けた。でも兄はその時、こんな言葉を掛けてくれたのだった。

「物を失くす時は、必ず次に何かいいことが起こる時だ。失くしたこと自体は反省しなければならないけど、くよくよ気にせず、とにかくサッカーに打ち込め」

それは何かを予言していたかのように、翌日、吉報が届いた。僕は4年9ヵ月ぶりに日本代表復帰を果たしたのだ。そして、その年はJリーグでもリーグ戦全試合フル出場、リーグ最多の10アシストを記録し、初めてJリーグベストイレブンに選出されるなど、良い結果を残すことができた。

もちろん、失くして良かったとは決して思っていない。ただ、そういう考え方もひとつあるんだなと勉強になった。いつまでも引きずっていても仕方ない。次はそれ以上にいいことがあるという考え方、思考に大きな衝撃を受けた。兄の言葉はいつも心に強く響く。

現在、兄が経営する会社には僕の親友や後輩の弟など、繋がりの深い人が働いている。親友のことは兄も小さい頃からよく知っているが、同じ組織で働くことになれば、時には気まずいことや厳しいことを言わなければいけない状況にも遭遇するだろう。友人関係があるうえで、上司と部下という関係性を成立させなければならない。決して易しいことではない。でも親友は今、日々楽しそうに意欲的に仕事をしている。兄はトップに立つ人間としての振る舞いに優れているタイプなんだろう。何よりも人間的なところも含めて周囲に愛されているなとひしひし感じる。兄が精力的に働く姿、さらに上へと向上心を持って向かっていく姿勢は、常に大きな刺激になっている。常に先を行っている兄に近付きたい、自分もそんな存在になりたい。兄はまさに目標のひとりだ。

兄にしかできないことがあるように、自分にしかできないこともある。きっと兄も僕からたくさんの刺激を受けているはず……と願いたい（笑）。会う度に、兄と「もっともっとお互いに成功しよう」という話をしている。兄の成功はすごく羨ましいけど、今は「それを超えてやる！」くらいの心意気だ。兄であり、親友であり……、そうだな、ライバルにもなれていたらいいな（笑）。お互いがもっと成功するためには、さらにお互いを刺激し合って、上を目指していくことがベストだと考えている。

父親は反面教師

母と離婚した父親に対して、一時期、怒りや恨み、情けない気持ちもあって「一生会わないし、一生連絡も取らない」と考えていたけれど、今は、割りきったというか、もはや怒りの感情はない。離婚したことで母も僕も元気になったし、明るくなったから。それでよしということではないけれど、自分なりに理解しているつもりだ。

ただ、結果的には最悪な別れ、最悪な夫婦像を見ているわけで、その分、自分が父親になることに対しては慎重になるかもしれないとも思う。やっぱり失敗したくないから。自分の中では、絶対に勢いだけでは結婚してはいけないと考えているし、しかるべきタイミングでできればいいと考えている。でも、上手くいかなかった例を見ているからか、幸せな家庭を築ける自信はかなりある。まぁ、そこに根拠はないけれど（笑）。

父とコミュニケーションを取る時間がほぼないに等しかったから、思い出はほとんどない。もちろん事情があってのことだけど、それが現実であり寂しくも感じる。だから、父親になる時は自分の経験を反面教師にしたい。そういう意味ではすごく勉強させてもらったし、ポジティブに捉えたい。

来るべき時が来たら、いい父親になります！

母親孝行

母への最初の親孝行は、プロ入りした時に初給料で購入したピアスだった。練習が終わった後、新横浜から電車に乗って青葉台へ行き、駅ビルにあるジュエリーショップで4、

5万円程度のパールピアスを購入した。同級生たちと「初給料は何に使う？」という話になった時も、真っ先に思い付いたのが母へのプレゼントだった。周りは「何も考えてない」という人もいたけど、でも僕は「そこはちゃんとやろうよ」というタイプだった。

プレゼントした時の母の反応は、実は正直……覚えてない（笑）。だけど、そのピアスを失くしてしまって母がショックを受けていたことはかすかに覚えている。ということは、やはり母にとっては嬉しかったんじゃないのかなということにしておこう（笑）。

プロになったばかりの頃、給料は低かったけど、それでもずっと家にお金は入れていた。もちろん今も続けている。誕生日やクリスマスには必ずプレゼントをあげる。それが当たり前だと思っているし、僕はそういうことをするのが好きなタイプだ。

大きなプレゼントは、プロ入りした年、兄とふたりでローンを組んで購入した家だ。当時の年俸は240万。兄も起業したばかりでそんなにお金をもらっていたわけではなかったけれど、3人で新しい生活をスタートさせた時の目標のひとつ、「僕と兄で家をプレゼントすること」が達成できた瞬間だった。お互いにこの目標を実現するため頑張って、購入できるまでになった。もっと素敵な家をプレゼントできたら良かったけれど、親孝行のスタートとしては上々の出来ではなかっただろうか。

当時、あまり先のことはよく考えず、兄とふたりで〝家〟という大きな買い物をしたけれど、今、考えればリスクの高い、無茶な買い物だったかもしれない（笑）。実は今、その家を引っ越す予定で物件を探しているところ。それが母への2回目の大きなプレゼントになりそうだ。

自慢の家族

オランダに来てからも家族とは毎日、LINEで連絡を取り合うのが日課となっている。この家族LINEには89歳と85歳になる祖父母も参加していて、会話に加わることもある。内容は今日の出来事を報告したり、写真を貼り付けたり……。本当に他愛もないやり取りなんだけれど。

年末には愛知県に住む祖父母のところへ顔を見せ、最近ではみんなで温泉へ行くことが恒例行事となっている。幼い頃は、祖父母の家に行くとよくおもちゃを買ってもらったものだ。親戚が多いわけではなかったので、周りの友達に比べれば決して多くはなかったが、祖父母にもらえるお年玉が何よりも嬉しかった。祖父母の家には母の弟家族が住んでいて、従兄弟が僕の影響でサッカーを始めたとか、サッカー部に入って頑張っているという話を聞くと本当に嬉しい。些細なことかもしれないけど、幸せを感じる瞬間だ。

オランダに移籍して、3人が時間を合わせて会うことが難しくなった。だから、電話やLINEなどを利用して積極的にコミュニケーションを図る。自分と同年代の息子がいる世間一般の家庭で、息子が親に対してどういうふうに考えているのか、接しているのかはわからないけれど、うちは母ひとりきりだから、母との時間、家族との時間を大切にしようと常に心掛けている。

改めて「家族の絆を感じるのはどんな時?」と聞かれるとちょっと答えに迷ってしまうけれど、太田家で言えることは、なんでも包み隠さずざっくばらんに話ができる、そんな瞬間かな。ここまで仲のいい家族は珍しいんじゃないかな。それくらい仲がいい。実際、母に話せないことや隠していることはない。もちろん、兄に対しても。普通に恋愛の話もするし、相談もする。そういう関係性を築けていることは胸を張れるところだ。

家族に限らず、親戚や友達、恩師や先輩、後輩と、僕は本当に〝縁〟に恵まれた幸せな人間だと思う。これからもそういう人たちとの繋がりは続いていくだろう。人への思いや

2013か2014年の年末、祖父母の家の近くの神社にて。

りや付き合いの大切さ――。これは家族から学んだこと。おかげで今、毎日が楽しい！誰と会っても刺激を受けるし、楽しさを感じられる。

太田宏介の素

幼い頃の僕は、人の話をよく聞き、悪さもしない素直でいい子だったらしい。好き嫌いもなく、とにかく優しい子供で、母曰く、友達も多かったという話だ。ただ、今の姿からは想像できないかもしれないけれど、すごくシャイで人見知りが激しかった。年の離れた兄に比べれば、甘やかされて育ったからかもしれない。中学時代も、地域選抜など寄せ集めのチームではいつも控えめ。あえて環境を変えてまでチャレンジをしようとはしなかった。プロになった後も、世代別代表の合宿に行くのも最初はものすごく億劫だった。合宿終了後の帰り道が天国だったなぁ。たぶん、当時のチームメイトは「あいつ全然しゃべらないな」というイメージを抱いていたんじゃないかな。U－20W杯くらいまでの僕は、超根暗な選手に映っていたと思う（笑）。もともと、人見知りという性格の他にも、自分だけがキャリアの積み上げ方が違うという劣等感もあったから。

そんな状況が変わり始めたのは、U－20W杯の本大会のために合宿で行った1ヵ月間弱のカナダ遠征中だった。ある時、僕がチームドクターのモノマネをしたらそれをきっかけに、驚くほどチームに溶け込み始めたのだ。そこに至るまでに1年半くらいかかっていて、もっと早くみんなと仲良くなっていたらプレーでも変化があったんじゃないかと思うと、少し惜しい気もする。

「人見知りのままではプロで生きていけない。人見知りを直さないと」

そういった覚悟を持ってプロ生活を続けたことで、少しずつ人見知りが解消されていった。完全に人見知りが解消されたのは、清水エスパルスへ移籍した後だったと思う。

「太田宏介の素とは――」

自己分析すると、あまり話さないタイプ……かな。沈黙している時間も好きだから。でも、その素が少しずつ変わりつつある気がする。今は自分から積極的に話をするのが楽しいと感じているから。

サッカーに関しては、練習がきついとか、嫌だなと些細なことを思う瞬間はあっても、基本は悩んだりストレスを感じたりすることはない。それは自分の長所だろう。

FC東京に加入したばかりの頃に、右足を骨折した時はさすがにヘコんだけど、それ以上に「絶対にパワーアップして帰ろう！」というポジティブな思考が浮かんできた。そういった状況で下を向いてしまう選手もいるけれど、その時間がすごく無駄だなと感じるタイプ。そんな時は練習をしてもリハビリをしても、絶対に身になっていない。もちろん反省すべきところは反省するけど、必要以上に気にする必要はないし、逆にそれが自分をマイナスへと向かせてしまう要因になってしまうと思う。僕の場合は地元に帰って、気心の知れた仲間と食事をして忘れるというのが定番。今も、高校時代の仲間と会って話すことが自分の中の大きなエネルギー、パワーアップになっている。

なぜ、自分がそこまでポジティブに考えられるのか。それはやはり苦しかった家庭環境が関係しているのかもしれない。ポジティブ思考な精神状況を作った基盤であり、自分を強くしてくれた少年時代。あの経験がなかったら、自分は弱い人間だっただろう。あれ以上のことは滅多に起こらないと思うと、すべてがちっぽけな悩み事に思えてしまう。

プライベートでも落ち込むことがあったかな？　と振り返ってみたけれど、あまり記憶にない。気分屋で、ちょっとしたことでいきなり元気になれるから（笑）。ちなみに僕は気分屋のうえに、テンションが表情に出ちゃうから周りに気付かれやすい。テンションが低いとそれを察知して友達やチームメイトが声を掛けてくれたりする。中学生の時に女の子に告白しまくって、振られてもヘコまなかった（笑）。むしろ、それをネタにして笑いを取ったり、とにかく楽しい方向に持っていっていた。まあ、こんな感じで、ヘコんだり、多少の気持ちの浮き沈みはあるけれど、それが継続することはない。だから、何も気にせずに生きていられるというか、楽しいことは何倍にも楽しくなるし、悲しいことはすぐに忘れられる。そこは最大の長所であり、武器と言ってもいいだろう。

「やらないで後悔するなら、やって後悔」

当たって砕けろ！　そういうポジティブな考え方を自分はできるという自信がある。ポジティブな考え方をすることによって、プラスな結果が生まれてくる。それが直結しているかどうかはわからないけど、少なくとも自分は経験上そう思うことができた。いいことも悪いことも、どんな状況でも必ずそれには意味があって、ポジティブに捉えたほうが次に繋がると信じている。だから、もしかしたらこれまでのサッカー人生で「壁」はあったのかもしれないけれど、「壁」や「挫折」と捉えていなかった。もちろん、これから「壁」や「挫折」が立ちはだかって、ひと筋縄ではいかない出来事が起こることもあるだろうけど、決して悲観的には捉えない。とにかく、何事もチャレンジあるのみ！　そのスタンスは不変だ。失敗することは視野に入れていないし、もし仮に失敗したとしても、その失敗には必ず意味があると思っている。とにかく全力で挑戦し続けられればそれでいい。こういうやつを〝鬼ポジティブ〟っていうのかな（笑）。

ネガティブな思考をいかにポジティブに持っていくのか。人によって、それは決して簡単なことではないかもしれない。大切なことは、まず、自分自身が己の性格に気付くこと。例えば、周りから指摘された時に、反抗したりむっとした態度を取ったりしているようでは、その時点でおそらくネガティブな姿勢は直らないだろう。何事も自分で気付き、かつ自分から行動を起こせるようにならなければならない。だから、若い選手に対して「もっとガツガツやればいいのに」と思って、実際に口にもするけど、その日だけで終わる。言い続けて「うるさいな」と相手が思うようでは意味がないから。サッカーも自分自身が気付くしかないという考え方だ。自分でもなぜこう考えるようになったのかわからない。人間観察や人の話を聞くことが好きだから、いろんな考え方ができるようになったのかなとも思う。さまざまな世界の方々と関わり、自分なりにポジティブになれる考え方や方法をようやく発見し、身に付けることができた。周りから見たら、「こいつ変わっているな」と思われるかもしれないけど、自分の中ではこの考え方が正解だと思っている。

座右の銘

プロ3年目の'08年、横浜FCでの最後の練習日。清水エスパルスへの移籍が決まっていた僕は、横浜FCの東戸塚トレーニングセンター（当時）で、スタッフやチームメイトへ挨拶をして回った。筋トレルームで練習していたアツさんに「ありがとうございました」と声を掛けると、「宏介、俺のロッカールームにユニフォームがあったから、ちょっとそれを持って来い」と言われ、急いで取りに行った。そのユニフォームには、アツさんのサインと、メッセージが力強い字で書き込まれていた。

「自信と過信は紙一重。頑張れ」

このメッセージは、常々アツさんに言われていた言葉だ。そのユニフォームを手にアツさんのもとに戻ると、書かれたメッセージを見ながら、「自信を持つのはいいことだけど、過信にならないギリギリのところで上を目指せ。自分のプレーに満足するな」と、アドバイスを送ってくれた。そして最後に「努力し続けて頑張れ！」とエールも。

そのユニフォームは自宅の玄関の一番目立つところに飾り、練習に出掛ける前には額縁の前で「よし！」と気合を入れた。自宅に戻ると、もう一度目をやり、確認するように、自分自身へ言い聞かせた。

もともと結構調子乗りのところがある性格を考えると、まさにこの言葉がピッタリ合う。おかげで、自信が過信にならないよう常に心掛け、ここまでたどり着くことができた。

11年間プロの世界にいれば、いろんな光景も目にする。慢心して努力を怠ってしまう選手、プロとしてふさわしくない立ち振る舞いをしたりする人もいる。そんな姿を反面教師にしたわけではないけれど、自分自身に、そして、この言葉をプレゼントしてくれたアツさんに対して、自信を持ちながらも常に謙虚な姿であり続けたい、そうでなければという思いでやってきた。

この言葉があったからこそ地に足を着け、周りに支えられながらも着実に階段を上ることができた。もちろん、そのスタンはこれからも変わらないし、自信が過信になることもない。

　この座右の銘を胸に刻み、これからも一歩ずつ歩み続けていきたい。

Episode 7

Yuko Ota's Voice

太田祐子（母）

「ふたりのおかげで新しい世界を体感することができている」

まだ歩くか歩かないかという頃から、ひたすら壁に向かってサッカーボールを打ち込んでいたという記憶があるくらい、幼い頃から宏介の周りにはボールがあったような気がします。昔、飲料のキャンペーンでW杯のオリジナルTシャツプレゼントというのがあり、そのTシャツ欲しさに空き缶に貼ってあったシールを集めるため、空き缶収集日に毎週近所を回っていました。ある日、いつも来る息子にと近所のおじさんが集めたシールを持って収集所で待っていてくださったんです。おかげで息子はTシャツを手にすることができました。懐かしい思い出です。

あまり手の掛かる子供ではありませんでしたが、頑固な性格で「これをやる!」と決めたらまっとうするタイプ。幼稚園の頃にはこんなことがありました。ある日の夜、どこからかバタバタ音が聞こえるんです。外に出てみると、必死に縄跳びをしている宏介がいたんです。どうしたのかと聞いてみると、「みんなはできるのに、僕は二重跳びができないんだ」と、ひとりで泣きながら黙々と練習していて。小学生の頃、突然「スイミングスクールに行かせてほしい」と直訴してきたこともありました。「25ｍ泳ぐのに息継ぎができないから」という理由だったんですが、どうしても克服したかったんでしょうね。あれもこれもと手を付けるタイプではありませんでしたが、できないことがあると悔しいからそれ成し遂げようとする。その時の集中力はすごいものがありました。幼いながらも、そこは信念として持っていたような気がします。

サッカーに関してもそう。例えば、熱が出ると学校を欠席し、必然とサッカーの練習も休まなければならない。学校が好きだったからという理由もありましたが、サッカーの練習を休むことが本当に嫌で、熱が出ても意地でも学校に行っていました。皆勤賞だったと思います。「サッカーを辞めたい」とか「練習を休みたい」なんて口にしたことはありませんでしたね。

現在の宏介をご存知の方々は想像できないかもしれませんが、幼稚園に入れるのをやめようかなと思っていたくらい、昔は人見知りが激しかったんです。いつも私のスカートを握って、後ろに隠れているような引っ込み思案な子供でした。小学校の3、4年ぐらいの頃から地域選抜などに選ばれたり、ユースのセレクションに参加したり、所属しているクラブ以外のところでプレーする機会も増えていったのですが、そういう時はいつも「僕は嫌だ」というのが口癖で、仕方なく「頑張って行ったら、ミニ四駆買ってあげるから」と諭してみたり。そういった苦労もありました。中学、高校と進学する度に、最初の頃は家に帰ってきても、まだ上手く周りとコミュニケーションが取れていないからか、無口なことが多かったですね。少し時間が経つと、突然様子が変わるので「あ、やっと友達ができたんだな」とわかるんです。

そんな宏介も今年で29歳になりますが、太田家の中では〝末っ子〟という位置は変わりません。もちろん成長はしたんですが、私の中ではやはり心のどこかにそういう感覚があります。ただ、家以外のところ、第三者がいらっしゃるような場所での宏介の対応を見ていると、「ああ、大人になったんだな」と感心させられることが多いです。最近で一番大人になったなと感じたのは……『ラストキス』（※TBSテレビバラエティ番組『ラストキス～最後にキスするデート』）に出演した時かな（笑）。

宏介は幼稚園の頃からずっとサッカーが大好きでしたし、楽しそうにサッカーしている姿を見ることが私にとっても一番の幸せでした。ただ、将来リアルにプロになれるとは、想像していませんでした。高校2年時に選手権に出場した時も、周りの父兄の方々から「プロの可能性もあるんじゃない?」と言われても、私は「まさか」という気持ちのほうが大きかったんです。

高校3年になっていざ進路希望を提出するという時期に差し掛かった時も、まだプロ選手という選択肢は私の頭の中にはなかったように思います。宏介にも意思確認をしましたが、始めは明確に意思表示をしなかったんです。宏介が中学3年の時に私は離婚していますが、きっと太田家の経済的な状況を考えて、口にすることができなかったのかもしれません。もちろん、宏介は「プロ選手になりたい」という気持ちを持っていたと思いますが、進路を選択するその時期はまだリアルに捉えていませんでした。

そういった背景の中で、母と子がいろいろと模索していると、ある日、サッカー部の石井監督から1本の電話をいただき学校へ。宏介にプロチームからオファーがあるという話でした。石井監督やコーチの意見も仰いだんですが、身近にプロ選手もいないのでいまいちピンとこなくて。やはりあまりにも現実味がなくて……。最終的には「とにかく自分がやりたいことをやりなさい」と本人の意思を尊重することにしました。帰宅直後に宏介は「僕、プロになる!」とキッパりと言い切ったので、あとはもう「頑張りなさい！」と彼の挑戦を応援するだけだと思っていました。ただ、宏介の夢が実現するとはいえ、母親としては不安しかありませんでしたね。

プロデビュー戦は、当時、土日に休める仕事に就いていなかったため、駆け付けることができませんでした。初めて生で観戦したのはもう少し後になりましたね。相手は覚えていませんが、やはり感慨深かったです。テレビでも会場でも、目の前にいるのは自分の息子に違いはないんですけど、いつも私が見ている宏介とはちょっと違って、少し不思議な感じがしました。

今年1月にオランダ・フィテッセへ移籍をしましたが、宏介は移籍の話を私にだけ直前まで黙っていたんです。私の友達まで知っていたというのに（笑）。それは、私が余計な心配しかしないという考えがあったからだと思いますが。FC東京との契約も残っていましたし、試合にも出られている。どうしてそのポジションを捨ててまで、海外に行ってしまうんだろうか。それがどうしても理解できず、しばらくは放心状態の日々が続きました。2週間ぐらいはそのことを考えたくなかったですね。少しずつ、自分の中でも気持ちの整理をつけていたつもりでしたが、移籍が決定して東京で暮らしていた宏介の部屋を片付けていると、やっぱりふとした瞬間に涙が出てきてしまうんですよね。寂しくて。ましてや、今回は海外への移籍。今までのように簡単に行ける距離ではありませんから。親にしてみればいくつになっても子供は子供。きっとあの子からみれば余計なお世話であり、無駄な心配なのかもしれませんが、親とは無駄な心配しかしない存在なんです。1月3日の成田空港で見送った時も大哉から「宏介は泣かないと覚悟を決めているんだから泣くな」と釘をさされていたんですが、涙している姿を見たら、やっぱり泣いてしまいました。

あの日も、本当に多くのファン、サポータの方々が成田空港まで見送りに来てくださっていましたが、宏介が移籍をする度にスタジアムで宏介の背番号ユニフォームを着ている方やゲーフラを持っている方の姿が増えていくのを見て、そのひとりひとりに「ありがとうございます」とお礼を言いたいくらい嬉しかった。味スタに応援に行く度に、「6」番のユニフォームを見つけると、嬉しくて笑顔になっていました。宏介がアシストやゴールを決めた時、「コウスケコール」が起こるとささやかではありますが、感謝の気持ちを込めてゴール裏に向かいお辞儀をしていました。他人からみたら不思議な行動かもしれませんが、「本当にありがとうございます」という思いでいっぱいなんです。

私が離婚した時、大哉は21歳、宏介は15歳でした。男の子ふたりをひとりで育てるのは絶対に無理だと思い、あの子たちがある程度、大人になれたところでの離婚ということも考え、なかなか離婚に踏み切れなかったんですが……。結論から言えば、父親がいなくても育ったなと今は思っています。

離婚するまでは、何不自由ない生活をさせることができていたと思いますが、離婚後は私の収入だけで暮らさなければならなかった。突然一軒家からアパートに引っ越すわけですからね。詳しいことは話さなくても、子供の目から見ても、なんとなくうちの経済事情も察しがついていたと思います。だからこそ、宏介も一切わがままは言いませんでした。スパイクの消耗が激しく、靴底がぱっくりと開いてしまった時も、「買ってあげるよ」と言うのですが、「これが流行っているから」とガムテープで止めて、本当にボロボロになるまで使っていましたね。

反抗期もまったくありませんでした。大哉の存在もかなり大きかったと思いますが、グレたり道を逸れるというような心配は皆無でした。

離婚後、「俺が家長だ」と言わんばかりに、太田家を引っ張ってくれた大哉、そして我が家の末っ子・宏介。性格的に似ている部分はあまりないけれど、共通しているのは共に、上昇志向が強いところかもしれません。大哉から「母さんが離婚してくれたおかげだ。だからありがとう」と年に1回はそうやって感謝されてしまうのですが（笑）、いい意味で、ふたりが競っていることがそういう思考に繋がっていったのかもしれません。6歳差はありますが、今はお互いに対等の立場で、いい競争相手として切磋琢磨している。そういうふたりの姿が頼もしくもあり、嬉しくもあります。大哉と宏介が合言葉のように言い続けている、「妥協は衰退と同じ」という信念のもと、これからも力強く生きてくれる。そう信じています。

あの子たちは私が苦労して育ててくれたと思っているかもしれませんが、私自身はあまり苦労して育てたとは思っていません。ひとつひとつ掘り起こせば、「あの時はお金に苦労したな」という時期もありますが、それは私に限らず、どんな親も経験すること。それ以上に、まったくスポーツに縁がなかった私は、宏介がプロサッカー選手になったことでこれまで行ったことのない地域に足を運ぶことができ、普通の会社員であればなかなか見ることのない、職場や働いている姿も見られるわけですよね。初めて日本代表のユニフォームを着た姿を見た時は、本当に鳥肌がたったし、宏介が代表に入らなかったらきっと行くこともなかったオーストラリアやシンガポールにも行けた。死ぬまでに一度くらいは欧州に行こうと思っていましたが、宏介がオランダにいる限りは何度も行ける。大哉もこれまで私がまったく知らなかった業種の中に身を投じているわけですが、あの子たちを通して、いろいろな世界を見ることができ、新しい世界を体感することができている。子供のおかげで私の人生はまったく変わりました。きっと、これ以上のことを願ったら罰が当たってしまうくらい、今は本当に幸せですね。

Mother's Letter

息子達へ

二人共　大人になって私の元から完全に巣立ちましたね。

親離れは　あっけない程すんなりと。
あなた達は　私の宝で、私の全てでした。
苦労したと思ったことは　ありません。
あなた達の幸せそうな姿を見てる事で充分幸せです。

私はまだ上手に子離れできていないようです。
大哉、そんな私に会社や友達の場に参加させてくれて、ありがとう。
宏介、サッカーを始めてずっと試合を見せてくれて、仲間にも紹介してくれて、オランダにも行かせてくれて、ありがとう。

親として、今まで何をしてあげられたのか、
何か不足していた事があったのかと、
過ぎてしまうと反省を含めていろいろ思います。
そんな親ですから、二人には感謝の気持ちでいっぱいです。
本当に私の子として生まれてきてくれて、ありがとう。

子育ては楽しかったよ、成長を見ていくのは楽しかったよ。
辛い事も確かにあったけれど、今こんなに幸せに暮らせるなんて、人生のサプライズです。

二人がそれぞれに今頑張っている事は
自分達で掴んだ成果です。
強い思いと努力があったからでしょう。

母として、これからも二人の幸せを願います。
どうか周囲の人達への感謝の思いを忘れず、さらに思い描く人生に向けて楽しく努力して下さい。

大哉、宏介　本当にありがとう。
私はとても幸せです。

母より。

Episode 8
Ota Brothers
Talk Session

太田大裁（兄）×太田宏介

──太田選手がプロ入りするまで、大裁さんにとって、弟・宏介さんはどんな存在でしたか？

大裁　両親が離婚したのが、宏介が中学3年生の頃でした。それまでの兄弟関係はごく普通で一般の家庭と変わらなかったと思います。年齢が6歳離れているので、お互いに干渉することもないし、特に仲がいいわけでもなく、かといって悪いわけでもありませんでした。ただ、両親の離婚を機に少しずつ家庭環境が変化する中で、18、19歳だった僕と母が話し合い、宏介はまだ理解することが難しいだろうということで、（家庭環境を）察することがないように、不憫だと感じないようにということは話をしていた記憶があります。また、僕が20歳を超えたあたりから、母親の職場での苦労話などを聞くようになって、兄としてだけではなく、父親としての側面を持ち始めるようになったのかなと思います。

──成人しているとはいえ、大裁さんも20歳前半。父親としての側面を持つことは、決して易しいことではなかったと思います。

大裁　すごく難しかったですね。僕は若いなりに、不

器用なりに、宏介に近付き、弟のことを知ろうとしたり、いろいろなアプローチをし始めました。その後、起業したんですが、その頃からぐっと兄弟関係が濃くなった気がします。

――逆に宏介さんは兄・大哉さんをどのように見ていましたか?

宏介 中学生の頃は、6歳年齢が離れていたこともあって、行動範囲もまったく違いますし、正直、兄と接する機会はあまり多くありませんでした。母も遅い時間まで仕事をしていたので、3人一緒に食事をすることもあまりなかった記憶があります。そもそも3人が顔を合わせる時間がありませんでしたね。高校生になると、ある程度、自分や家族が置かれている状況も少しずつわかり始めたんですが、それからはあまりわがままなことは口にできなかった。例えば「スパイクが欲しい」とか。本当はすごくいいものが欲しかったけど、安いものを選んだ。そういった中でプロになれる可能性が見え始め、兄も就職して大阪に行くことになって、自宅には母と僕のふたりきり。そこで自分は絶対にプロにならなければならないと思いましたし、自分がこの家族を引っ張っていかなければいけないという強い思いが生まれましたね。

大哉 僕も宏介も新しいチャレンジに向けて、お互いがひとつ前を向き始めた頃だよね。ちょうど10年ぐらい前かな。その頃から、兄弟関係、そして絆が一気に深まりました。今はどこの兄弟にも負けない、僕ら兄弟の絆は本当に深いという自負があります。

宏介 兄が大阪で働いている頃、ちょうどプロ1年目のシーズンが終わった年のクリスマスに深夜バスで大阪に行ったんですよ。めっちゃ覚えてるわ〜。西中島南方駅に着いて、そこから兄の家に行って。

大哉 その時はお互いにかなり濃い話をしました。離婚して母親が苦労している姿を目の当たりにしてきたので、僕と宏介で太田家を引っ張っていこう、母親に苦労させないでおこうというような話を、かなり長い間していたと思います。

――ご両親が離婚された時に宏介さんが道を踏み外さないかと心配はしませんでしたか？

大哉　兄の僕が言うのもなんですが、こいつ、めっちゃいいやつだったんですよ！　一般的に男の子が反抗期を迎える時期に、宏介は母親が苦労する姿を見ていた影響もあったのかもしれません。もちろん、僕も母も、なんとか宏介がサッカーに専念できる環境を維持しようと考え、話もしていたんですが、そもそも宏介自身がそういうタイプではなかった。母親に対しては常に優しく接していました。だから反抗期というものがなかったんです。実は一番大人だったのが宏介なのかなと思います。

宏介　本当によく見てるね。

――では、兄弟間で喧嘩をすることもあまりなかった？

大哉　ほとんどありませんね。僕のほうが6歳年上なので、もしかすると一方的に宏介をいじめていたことはあったかもしれませんけど（笑）。

宏介　もし、喧嘩したとしても、僕は勝てませんからね（笑）。

大哉　ただ、確実に親が離婚してからはまったくなかったと思います。僕の記憶違い？

宏介　いや、まったくなかった！

――大哉さんは父親としての役割も担っていたという話をされていましたが、プレッシャーはありませんでしたか？　それ以前に「やらなければ」という気持ちだった？

大哉　プレッシャーはもちろん、めちゃくちゃありました。でも、僕は年上なのでやらなければならない。もちろん「宏介だったらなんとかなる」と信じていましたが、現実的に宏介がプロになれるかどうかもわかりませんでしたからね。正直なところ、なれると思っていませんでした。プロになるのは厳しい道だということを十分に理解していたので。いずれにせよ、太田家を引っ張っていかなければいけないのは自分。でもそれを口で言うだけではなく、行動で示さなければならない。現実的な問題として、生活していくにはお金の問題は必ず出てくるわけで、そういった部分でも独立して起業して、短期間で結果を残さなければならなかったですし、お金も稼がなければならない。そういう意味でも、引っ張っていくという気持ちはものすごく強かったですね。それは今も変わらないところです。

――大哉さん掛けられた言葉の中で、印象に残っている言葉はありますか？

宏介　プロになる前は、とにかく母を大事にしろということを常に言われていましたね。

大哉　家族に対してしっかりと愛情表現できなければ、宏介の場合であれば、サポーターの方や、普段お世話になっている方々を大事にできないと思って、そういった言葉を伝えたんです。

――この兄弟で良かったな、家族で良かったなと思うのは

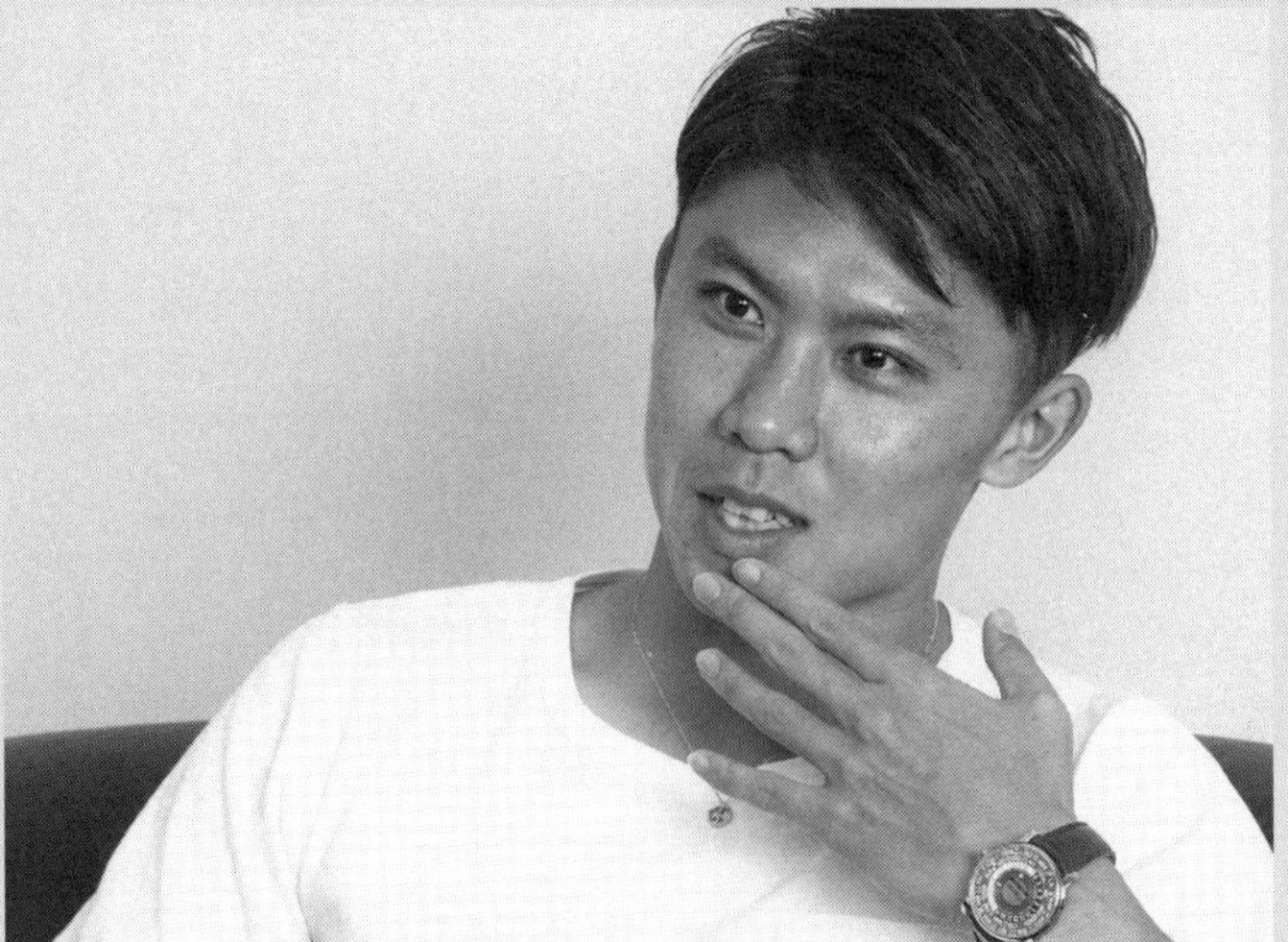

どんな瞬間ですか？

大哉　僕は常に思っていますよ。

宏介　フィテッセへの移籍が決まって、荷物をまとめる作業を母に手伝ってもらったんですが、ため息ばかりつくんですよね。「どうしたの？」と聞いたら、めっちゃ泣いてしまって。嬉しいはずなんでしょうけれど、離れることのつらさもあって。ここ数年、母親が幸せそうにしている姿が本当に嬉しいし、そういう笑顔を見ているだけで僕は幸せですね。いろいろな方に送別会を開いていただいたんですが、自分の知らないところで、母や兄も呼んでくれていて。周りの人たちも僕たち家族、仲がいいことを認知してくれていることも嬉しかった。

大哉　僕らが主催して、祖父母も呼んで食事会を企画したりするんですよ。最近では、箱根に祖父母を招待して、母と宏介と僕の5人で食事会を行いました。僕らがそうやって企画する親孝行会で、今度は母が祖父母に対して親孝行できる環境を作れることが、また、そこで母が祖父母に親孝行している姿を見て、僕も宏介も「ようやくこういうことができるようになったんだな」と実感しています。そういった瞬間に「ああ、良かったな」としみじみ感じますね。祖父母は80歳を超えているのですが、LINEを覚えてくれて。僕らとやり取りしてるんですよ。本当に毎日のようにLINEしてます。母もそうですが、祖父母から見ると、宏介は本当に自慢できる孫ですし、ふたりが宏介の活躍を楽しそうに話している姿を見ると、本当に頑張ってきて良かったなと改めて感じます。

――年々、家族間、兄弟間の絆が深まっているんですね。

大哉　年齢を重ねる度に深まっていると感じます。年上としてこれまでの経験を宏介に伝えたり、逆に僕が宏介から学んだり、どちらもすごく多いです。また、お互いの人間関係を広げることで、さらに輪が広がっているような気がします。そういうこともあって、兄弟間の絆もさらに深まっている感じがありますね。

宏介　本当に兄にはなんでも話していますね。

——兄弟がいて良かったな、と？

宏介　たぶん、兄がいなければ僕は絶対にグレていたでしょうね。兄は23、24歳の頃に独立・起業して経営者として頑張っていますが、その会社に自分の同級生や親友が勤めていることにも不思議な縁を感じます。それに、彼らが兄をリスペクトしてくれているのも嬉しい。以前、兄の会社の食事会に参加したんですが、すごくいい雰囲気だったんですよ。そのトップが兄なわけで、本当に人望ってすごいなと思いました。兄弟だけど、親友でありライバルでもあります。

——宏介さんも28歳。大哉さんもそろそろ〝父親〟卒業ですか？

大哉　いや、卒業は一生ないですね。父親としての心配をすることはもうないでしょうけれど。親友でもありライバルという言葉が一番ふさわしいのかな。僕も宏介には負けられないという気持ちが常にありますからね。兄のプライドとして！　これは父親のプライドもあるかもしれませんけど。僕らのそういう関係を見て母が安心してくれているのが、結果的には一番の親孝行になっているのかもしれません。それだけではなく、祖父母孝行、家族孝行、仲間孝行に。

——お母様と大哉さん、宏介さんの3人で新生活をスタートさせた時に、夢や目標を決めたと伺っていますが、それを達成した時はどのような気持ちだったのでしょうか？

大哉　母親孝行をするというところで言うと、最近、母親から「ありがとう」と言われる瞬間には、まだまだ目標までの道半ばですが、ひとつの通過点としての達成感は感じます。今、遅れてきた青春を取り戻すかのように楽しそうに暮らしていますが、そういう姿を見ている時は、僕らがひとつ幸せを感じる瞬間ですね。

——改めて、兄・大哉さんから見た、弟・宏介さんの魅力とは？

大哉　やはり「人間力」じゃないでしょうか。FC東京でのラストゲームとなった天皇杯準々決勝のサンフレッチェ広島戦を観に行ったのですが、サポーターの方々が、試合が終わって選手がロッカールームに引き上げて10分以上経っても、ずっと「コウスケコール」をしているんですよ。それを聞きながら、僕は大泣きしてしまって。みなさん、〝宏介なら必ずピッチに戻ってくる!〟と信じていたんですよ。宏介ならその声に応えてくれることを知っていたんだと思います。その時に僕が知っている宏介と、サポーターの方々が知っている宏介の人間力は、おそらく一緒なんだろうな、と感じました。そういう優しさや、人への感謝、今の自分があるのは周りの人たちのおかげだということを、誰よりも宏介自身が理解していて、その感謝の気持ちを誰よりも深くお辞儀をするとか、体全体で表現するところは、宏介の魅力だと思います。

宏介　サポーターの植田朝日さんに「お前、感謝しすぎ」「東京愛出しすぎ」って言われたんですけどね。そんなに「東京好き好き」言って移籍したら、裏切り感が出ちゃうぞって(笑)。

大哉　でも、それは大事なことでしょ。

宏介　それは朝日さん流の冗談ですけどね。僕の移籍をなかなか受け入れがたい方もいたと思うのですが、そういう方々にもきっと朝日さんが話をしてくれたんだろうなって。

大哉　試合が終わって大泣きしながら、朝日さんに電話をしたんだけど、その時も「あんなに愛されてるやつもいないだろうな」と言ってもらえて。その言葉がすごく嬉しかったんですよね。

――そして宏介さんは新たな挑戦をスタートさせました。心配事などはありますか?

大哉　大きく環境が変わるとは思うのですが、サッカーという共通の部分はあるので心配はしていません。何よりも、宏介のことを信じていますから。日本ではできなかった挑戦やステップアップもできるわけじゃないですか。これまで努力して少しずつ広げてきた可能性が一気に広がった今、新しいスタートの入り口に立っている宏介を見てとてもワクワクしています。未知な世界なので若干心配はあるでしょうけど、「乗り越えられる」という自信が宏介の中にあるはず。そういう姿を見て僕も大きな刺激をもらっています。

——フィテッセへの移籍の話があった時は賛成でしたか？

大哉　ぜひ挑戦してほしいと思いましたし、宏介のことをちゃんとわかってくれている人がいるんだと思うと嬉しかったですね。次のステップを考えた時に、Jリーグでさらに輝いていくこともひとつの人生だとは思いましたが、もっといろいろな世界を見てもらいたいという思いが強かった。僕自身も、昨年からアジアや欧州との取引が増えて、海外にも目を向けるようになってきたんですが、そんな折、宏介から移籍の話があると聞いて。海外で生活することや海外の方と交流

を深めることで、サッカー人生だけではなく、人間的な成長にも繋がると思いましたし、あと何年プレーできるかわかりませんが、海外でチャレンジすべきだと思いました。宏介の人生にとって大きなプラスになる。だからこそ、素直に応援していますし、楽しみなんです。

——これからふたりが向かっていく先はどこになるのでしょうか。

大哉　母や祖父母が元気な間に、僕たちの元気な姿、成功している姿を見せ、楽しいこと、やりたいことをさせてあげる。そういうことを今、僕たちはし続けているところ。目標達成は「やれることはやってきたな」と思うことが、本当の意味での達成なのかな、と。もっと時間が経った時にそういう話を宏介とふたりで話す時が、ゴールのような気がします。

宏介　今、同じことを言おうとしていたよ（笑）。よく兄弟間で話すんですよ。母と3人で話すこともあるんですが、そこ（親孝行）にゴールはないって。マンションを購入した時も、当時の給料を考えると相当リスクが高いことだったけど、リスクを背負ったからこそ成功があったと思う。

——ズバリ、おふたりの次なる目標は？

宏介　ただ活躍するだけではダメだと思いますし、期待して獲得してもらったからこそ、異次元の活躍をしなければと思っています。向こうで結果を残すことが代表にも繋がるでしょうし、そこに集中してプレーしたいですね。どれだけインパクトを与えられるか、そこに集中してプレーしたいですね。

大哉　僕はそれを見守ることが今の目標といってはなんですが、楽しみですね。宏介のことを応援し、活躍を信じることが僕の'16年なのかなと思います。

第4章
いざ、世界へ

FC東京に残るか、海外移籍か

清水エスパルス3年目の'11年シーズンが終わった頃、そしてFC東京に加入した最初のシーズン'12年に、代理人に海外のクラブへ売り込んでもらっていた。だけど、僕は東京加入2年目の'13年シーズンが終わった時点で新たに4年契約を結んだ。その時に海外への移籍項目をほぼ外し、この先ずっと東京でプレーしよう、骨をうずめようと考えていた。

代理人には海外への売り込みに関してはしなくて大丈夫だと伝えていた。そう考えていた自分のもとに、予想もしていなかったオファーが舞い込んだ。こちらから売り込んで移籍話が動くということはよくあるけれど、今回の移籍に関してはフィテッセからの話だった。この時点で東京との契約は2年残っていた。移籍すれば違約金が発生する。それを支払ってでも獲得したいと熱望してくれたのだ。なかなかそんなオファーは来ない。それだけ自分が評価されていることに対して素直に嬉しかった。

'15年11月7日J1リーグ2ndステージ第16節柏レイソル戦後、フィテッセから正式な獲得オファーが届いた。そこから監督、スタッフと話し合いの日々。東京からも新しい契約を提示され、高い評価をしていただいた。愛着のありすぎるクラブであるがゆえに、残留か移籍かという決断は困難を極めた。東京でタイトルを獲得することに対しての思いは誰よりも強かったのもある。それに今、東京から自分が抜けたらチームは一体どうなるのだろうか。自分のクロスは東京の戦力のひとつでもあるという自負も少なからずあった。その一方で、現役としてプレーできる時間があとどのくらいあるかわからない中で、新たな刺激を求め、もっと成長したいという思いもあった。「残留」か「移籍」か——。最後まで悩みに悩んだ。

'06年にプロサッカー選手としてのキャリアをスタートさせ、ちょうど10年間、Jリーグでプレーした。そして、FC東京に移籍して4年。対戦相手も毎年ほぼ変わらず、マッチアップする選手もほぼ同じという環境の中で、'14、'15年に関しては、個人的にこれまでのサッカー人生の中でも自信を持って、自分のプレースタイルを確立できたと言えるシーズンになった。メンタル的にも充実していた時に日本代表にも招集され、以降、より高い意識を持ってサッカーに取り組むことができていた。Jリーグベストイレブンに選ばれ、'15年はアシスト数でトップの成績も収めることができた。ある程度、自分の中で手応えや達成感もあった。これ以上の刺激を求めるのなら環境を変えるしかない。そうなると海外クラブへ移籍するのはひとつの選択肢だなと考えるようになった。
自分は横浜FCから清水エスパルス、FC東京とこれまで環境を変えながら成長してきた選手だ。海外移籍というチャンスが目の前にあるのなら環境を変えて、選手としてレベルアップ、ステップアップしなければならないという思いにも駆られた。

「人生は一度きり。今、海外に移籍しなければ後悔する」

プロサッカー選手として海外でプレーするチャンスに恵まれたのなら、チャレンジするしかないだろう。そのタイミングは今しかないと思った。現在28歳。今年の誕生日には29歳を迎える。20代最後の1年だ。

ただ、自分の気持ちは固まったけれど、サポーターやファンのみなさんには、どのように伝えるべきか——。本当に言葉が見つからなかった。
'15年12月15日にフィテッセへ移籍について発表することになったけれど、どんな言葉で報告をすべきか、そして感謝の気持ちを伝えるべきか、いろいろ考えると夜も眠れなかった。

そして、メディカルチェックのため渡蘭している時に移籍を発表することになった。クラブからのリリース、オフィシャルブログ、ツイッター、インスタグラムで掲載するコメントは徹夜で必死に考えた。やれることはすべてやろうと思った。文章をいろいろと考えていると、FC東京での4年間の出来事が、テレビの映像のようにフラッシュバックし、書きながら泣けてきてしまった。さらに、リリースを出し、ブログやインスタで移籍の報告をすると、ファン、サポーターの方々からの温かい返信コメントにまた涙。移籍を発表した後は、本当に毎日泣いてるんじゃないかっていうくらい、ずっと泣いていたような気がする。

「1ヵ月後には、このチームにはいないんだな」

そんなことを考えると、寂しさは日に日に募る一方だった。だからこそ、天皇杯のタイトルを置き土産にして、新たな旅立ちができればと強く願っていたし、元日の味の素スタジアムで、そして愛するサポーターの方々の前で直接報告したかった。

心残り、そして覚悟

'15年12月26日、天皇杯準々決勝サンフレッチェ広島戦。実はこの数日前の練習中に足首を捻挫してしまった。正直、試合に出られる状態ではなかったけれど、東京で最後となる大会だけに、どうしても出場したかった。出ないという選択肢はまったく頭の中になかった。それが、FC東京の選手として最後に自分ができるチーム、そしてサポーターへの〝感謝〟だと思ったから。当日は痛み止めの座薬を入れながらの出場となったけれど、試合は延長戦の末に1-2で敗れてしまった。

試合が終わった後もかなり長い時間、長崎まで応援に来てくれたサポーターの方々が「コウスケコール」をしてくれた。まさかずっとコールしてくれるなんて思ってもみなかった。ロッカールームに戻っても聞こえてくる大きな声援。再びピッチに戻って、サポーターの前で挨拶をした。ゴール裏の光景に目頭が熱くなった。「泣かない」と決めていたのに、頭を下げたら涙が溢れて止まらない。感情をどうにも抑えきれなくなっていた。

移籍に関して唯一、心残りがある。それは長友佑都くん（現インテル・ミラノ）やよっちのように、サポーターの方々の前で直接移籍の報告ができなかったことだ。チームと何度も話し合ったけれど移籍決定後、スケジュールの兼ね合いもありどうしても報告する機会が作れなかった。それだけは今も後ろ髪を引かれる思いでいる。もちろん、ブログやインスタで自分の言葉で報告してはいるけれど、できれば自分の口から、自分の言葉で直接伝えたかった。それが応援してきてくれたファン、サポーターへの礼儀だと思うから。

直接挨拶できなかったのに、オランダへと旅立つ当日、出発フロアの出入り口に溢れんばかりの大勢のサポーター、ファンの方々が成田空港まで見送りに来てくれて、本当に感激した。出国ゲートに入る前にみんなの前で挨拶をし、できるだけ多くの人と言葉を交わし、握手をさせてもらった。本当に温かい言葉ばかりで、東京サポーターの偉大さ、そして、自分がどれだけ応援されていたのかを改めて痛感することとなった。あの日のことはきっと一生忘れないだろう。

機内ではサポーターやファンの方からいただいた手紙を、1通1通すべてに目を通した。手紙を読みながら、改めて「僕はもう日本には帰らないんだな」としみじみ感じた。

「戻ることは許されない」

そう自分にプレッシャーをかけ、覚悟を決めた。

「よし。やってやるぞ!!」

僕の中のスイッチが切り替わった瞬間だった。

背番号「6」への思い

横浜FC時代を含め、5年間つけていた背番号「6」。

プロとしてのキャリアをスタートさせた時に初めてつけた背番号は「26」だった。個人的にはその番号をずっとつけたいなと考えていたけれど、3年目のシーズンを迎える時、監督に就任した都並さんから直々に「6」をつけるように言われた。そういう都並さんも左サイドバックで「6」をつけていたらしく、そういった意味も込めて、僕に「6」をつけろと言ってくれた。清水では「4」だったけど、僕にとって「6」はかなり愛着がある番号だ。だから、東京に移籍する時にも強く「6」を希望した。

ピッチ以外でも「6」に対するこだわりは日増しに強くなっていった。例えば、お風呂に行って空いているロッカーを探す時、つい目がいくのが「6」番だったり、パーキングでは「6」の場所に車を停めたり。無意識のうちに「6」を意識していたんだろうなと思う。それ以外の数字にはなんの感情もわかないから。長い間つけていたからこそ、やはり「6」には愛着を感じる。自分のラッキーナンバーと言ってもいい。

フィテッセでも「6」をつけたかったけれど、残念ながらすでに埋まっていた。最初は（東）慶悟が東京でつけている「38」をフィテッセで引き継ごうと考えていたけど、やっぱり1桁がいいし、末広がりで縁起がいいということから「8」に落ち着いた。新しい自分を作っていくという意味では「8」で良かったのかもしれない。それに「6」と「8」は似ているから（笑）。

「次にFC東京で『6』をつける選手は誰なんだろう」

それも少し気になっていた。自分の前に同じ番号をつけていた今ちゃん（今野泰幸・現ガンバ大阪）の存在を忘れさせるくらいインパクトを残せたんじゃないかっていう自負があるし、「東京の6番は太田宏介」という印象をつけられたという自信があった。だからこそ、次に「6」をつける選手にも僕のイメージを忘れさせるような、インパクトを与えてくれる選手がつけてくれたら嬉しいなと考えていた。

実は、もともと真人の好きな数字が「6」で、東京に移籍した時につけたがっていたという話だ。ただ、当時は埋まっていて「3」になったという経緯があった。今回、僕が移籍したことで「6」が空き番号になり、東京のスタッフは自分と真人との関係性も含めて、真人に「6番どうだ?」と打診をしていた。真人はすごく悩んだ末、「6番は宏介のイメージが強いし、3番の森重真人を応援してくれているサポーターやファンの方もたくさんいるからそこは動けない」と答えを出した。そして今季は「6」を空けたままにすると東京のスタッフから報告を受けたが、その後、再び東京のスタッフから「室屋成に6番をつけてもらいたいんだけどどうかな?」と連絡が入った。

室屋のことは昔から知っていた。清水に所属していた頃に練習参加したことがあって、食事に連れて行ったこともある。室屋が明治大学に進学した後も、東京の新潟合宿に参加したり、練習試合で対戦したりする機会が何度もあった。あいつと対峙する度に、攻撃で素晴らしいものを持っているなと思ったし、1対1で仕掛ける時の守備の間合いが独特ですごくやりづらいなと感じていた。選手としても、そして、性格的に明るい人間性も僕はすごく評価していた。

だから室屋に「6」をつけてもらいたいと連絡がきた時に「室屋には僕のイメージを払

拭するくらい活躍をしてほしいし、頑張ってほしいから、もちろんOKです！」と期待を込めて返事をした。後日リリースされたあいつのコメントの中にも「東京の6番といえば太田選手というイメージがあると思いますが、この1年で背番号6といえば室屋と言われるくらいの活躍をしたい」と言ってくれていた。僕は移籍してすでに東京にはいない選手だけど、事前に報告してくれた東京にはすごく感謝している。

オランダ・フィテッセへ移籍して

フィテッセは、オランダ・アーネムを本拠地とするクラブだ。アーネムはアムステルダムから電車で約1時間の自然豊かな美しいところで、ファッションやアートの街としてヨーロッパの中では有名らしい。アーネムで有名なソンスベーク公園。この公園にたまに散歩へと出掛けるが、公園内には鹿や馬、牛、やぎなど、動物がたくさんいて、素敵なレストランやカフェもある。東京とはかなり環境が変わったけれど、物足りなさは感じない。むしろ、スローライフを楽しんでいるくらいだ。それにアーネムはサッカーに集中するにはもってこいの環境。これまで以上に充実していると日々感じている。

そんなアーネムでの生活は練習、試合はもちろん、掃除をしたり、英語の勉強をしたりと意外に慌しい。夕方には食事を作ってくれる日本人の方の自宅へ夕飯を取りに行って、その後スーパーで買い物を済ませて、自宅へ戻って18、19時には食事。そこからサッカーの試合を観てゆったりと過ごしている。これが太田宏介のオランダでの1日の過ごし方だ。

最初はチームメイトやスタッフとのコミュニケーションが上手く取れるか少し心配で、合流する1週間前くらいからソワソワしていたけれど、練習が始まってしまえばそれもまったく気にならなくなった。移籍して何よりも一番苦労したのはやはり言葉。だから、午前練習の後は2時間のグループレッスンを行い、空いた日にはスカイプで1回1時間半のマンツーマンレッスンを受けている。加入して最初の1ヵ月は、チームメイトも探りながらも話し掛けてきてくれ、僕も英語がわからないながらもオープンに話していた。ただ、少しずつお互いの特徴がわかり始め、余裕ができたからこそ、コミュニケーションが若干難しくなってきたというか……。英語を話せないことが、自分の中でも気になり始めている。相手が言っていることはわかるけど、それにどう答えていいのかわからない自分にイライラしたり、モヤモヤしたり。もちろん、そういったストレスはサッカーをすればすべて忘れるし、苛立ちさえも楽しんで受け取れているとは思う。だけど、やっぱり語学は重要だ。このまま1年、2年といたら、今より英語を話せるようになるといいけれど……いや、話せるようにならないと！（笑）

こうして自分が異国でプレーするようになって、日本でプレーしていた外国人選手の気持ちが、手に取るようにわかる。誰かが話し掛けてくれるとめちゃめちゃ嬉しいのだ。日本にいた時は外国人選手に話し掛けるタイプだったけど、今、逆の立場になって、話し掛けてくれる人のありがたみを感じるし、そういう存在は本当に心強い。例えば、練習でふたり組になった時に一緒に組めたり、ふざけ合いができたり。チームメイトにブラジル人がいるけど、すごくつたない英語でもめちゃくちゃしゃべる。たぶん周りにはそんなに伝わってはいないけれど、英語で話そうとするその姿勢からは本気度が伝わってくる。

すべては伝わらなくても積極的に話をしたら、相手は「こいつは何かを伝えたいんだろうな」って汲み取ってくれるだろうし、きっと少しずつ心も開いてくれる。チームに馴染むスピードも早いだろう。日本人は「話せないことが恥ずかしい」と言って話さない人もいるけど、それがダメなこともよくわかっている。「しゃべれないからいいや」ってちょっと投げやりになることもあるが、特に海外でプレーする今は、なんでもいいから話そうと、積極的に話し掛けることを心掛けている。

オランダリーグ、デビュー

海外では日常的にあることだけど、1月4日、チーム合流早々監督が代わった。獲得を推してくれた前監督であるピーター・ボスはフィテッセの監督を退任し、イスラエルのマッカビ・テルアビブの監督に就任した。まさに寝耳に水の展開だ。でも、自分の移籍は現場だけではなく、強化部、そしてコーチングスタッフ含めたクラブ全員の意思だっただけに、心配はしていなかったし、みんなも自分のことを信頼してくれていた。

新たに監督に就任したロブ・マースは寡黙な人だが、独特なオーラを持っている。何よりも選手のことをよく観察している。実際、スペインで行われたキャンプ中から、長い間オフなしでプレーし続けている僕の体のことをすごく気に掛けてくれた。毎日脳波や心拍数、疲労度を細かくチェックし、それによって選手への負荷を変えて練習した。合流したばかりのキャンプの時も「宏介は負荷を落とすから」と比較的メニューを軽くして、最後の練習試合も30分間の限定出場。僕のコンディションを最優先に考えてくれた。

すぐに試合に出られる力も自信もあったけど、僕のコンディション的に1、2戦目はベンチスタートというのが予想だった。でも、移籍していきなり先発出場はないだろうと考えていた試合2日前のミーティングで、自分の名前がスタメンに入っていた。

「おお！　いい賭けしてくれるじゃん!!」

フィテッセでのデビュー戦となった1月16日、オランダの1部リーグ・エールディヴィジ第18節カンブール戦。カンブール・スタジアムに行くまでの道のりは少し緊張していた。でも、日本にいる時も毎試合、スタジアムに入るまでは緊張していたから、いつもと変わらないといえば変わらないことだった。あくまでも想定内。アップでピッチに入って集中モードに切り替わると、今度は心地よい緊張感に包まれた。落ち着いた精神状態で試合に入ることができたと思う。

ここで驚いたのは、カンブールの本拠地カンブール・スタジアムが人工芝グラウンドだったこと。人工芝だとは予想していなかっただけに少し戸惑った。固定式スパイクを持っていなかったから取り替え式スパイクで臨んだけれど、試合後は足の裏がとても疲れていた。日本では当たり前だったことが、オランダでは当たり前ではない。それを痛感させられた試合でもあったし、慣れていかないといけないとも思った。それに加え、オランダではクラブにスパイクを磨いてくれる人もいないし、練習時も試合時も、常に自分で荷物を持参しなければならない。日本では考えられないが、泥だらけのスパイクやすねあても今はすべて自分で洗っている。練習グラウンドも日本ほど整っているわけではない。そして移動方法も異なる。どのスタジアムも1〜2時間で到着できる距離ではあるけれど、日本では前泊だったアウェーも、当日のバス移動が基本。改めて自分はこれまで恵まれた環境でプレーしていたんだなぁと、身に染みて感じる。そういった意味では、ここにはハングリーに戦える要素がたくさん転がっているなとも思った。

フィテッセでのデビュー戦といえば、試合後のインタビューが印象深い。最初は「日本語でいいよ」と言われていたけれど、「いいよ、ノリでいくわ！」と英語で答えることにした。でも、いざカメラが回ったら急に緊張してしまって、なかなか言葉が浮かんでこない。今、同じ質問をされたらちゃんと答えられる自信はあるんだけどなぁ（笑）。あとでそのインタビューの映像を観直してみたら、顔から火が出るほど恥ずかしかった。「デビュー戦はどうだった？」と聞かれ、「Very Happyです」と最後に日本語をつけたり、「オランダ」は英語で「Holland《ホランド》」（※一般的には「Netherlands」だが、現地では「Holland」と言うことが一般的になっている）なのに、「オランダ」と言ってしまったり

（笑）。でも、同じ場面に遭遇したらきっと日本語を選択する人が多いと思うし、何も話せない人だっているんじゃないかな。発音は日本語になってしまっていたけど（笑）、あの場面で英語を話して良かった。「この場を楽しんでやろう」という気持ちで、「じゃあ、英語にも挑戦してみるか！」ってトライしてみたけど、それは間違いじゃなかった。次の日に、その映像を観た知人から「やばいぞ」とからかわれたが、現地での評判は上々だったし、メディアも好意的に報じてくれることが多かった。また、自分のことを「初戦でこれができる選手は、150％の確率で海外で成功できる」と評価してくれている方の言葉も、自信を持たせてくれた。

この試合で得たものはそれだけじゃない。ファーストゲームのイメージは自分自身にとっても、周囲に対しても大切なものだけど、その1試合を戦っただけでチームメイトとの距離が確実に縮まった。

「ここから新しくスタートするんだな。ワクワクするな」

フィテッセでしっかり結果を残し続けることが大事だなと、これまで以上に意欲が掻き立てられている。ポジション的には点を取る場所ではないから、難しい部分はあるかもしれないけれど、でも、ここにはいろいろな可能性があって、いろんなチャンスが広がっている。サッカーという自分が好きな仕事をしながら、いろんなことに挑戦できるのはこれ以上ない喜びだ。

初アシストに初退場

初アシストがついたのは、2月13日、第23節のSCヘーレンフェーン戦だった。デビュー戦の対カンブールから常にチャンスメイクはしていたと思うし、その点に関しては現地のメディアもかなり評価をしてくれていた。ただ、なかなか得点が決まらない。

「いい加減決めてくれよ」

そんな思いはずっと心の中にあった。我慢の試合が続いた。

後半44分、ヴァレリ・カザイシュヴィリが決めて、初めてアシストがついた。100%決めなきゃダメでしょ！　というパスを出したから決めてくれると信じていたけれど、ゴールネットが揺れるまでは安心できなかった。彼がゴールを決めた瞬間は、正直ホッと

2016年3月20日、フィテッセvsFCフローニンゲン
写真:Pro Shots/アフロ

したし、少し肩の荷が下りたような感覚もあった。試合は3－0でフィテッセの勝ち。何よりもチームの勝利が嬉しかった。加入してこれが6試合目。それまでの5試合は1勝2敗2分という成績。やっとチームに貢献することができたなと実感できた試合だった。そうやって目に見える結果を残すことで、少しずつみんなが認めてくれるような気もした。選手、スタッフだけでなく、クラブハウスで働いている人たちも声を掛けてくれるようになった。

翌週の2月21日、第24節デ・フラーフスハップ戦では、オランダで初となる退場も経験した。プロになって公式戦で退場したのは、清水エスパルス時代の'10年5月5日、J1リーグ第10節対京都サンガF.C.以来、約6年ぶりのことだった。

1枚目のイエローカードに関しては少し納得がいかないところもあるけど、2枚目に関しては、試合終了間際に相手を潰すか、ピンチを作られるかという五分五分の場面で激しくいったところ、再びイエローカードをもらってしまった。レッドカードが出た瞬間は「まじか!!」と焦ったけれど、そこで熱くなる性格でもない。すぐに冷静になった。周りはどう思っていたかわからないけれど、これをネガティブには捉えなかった。オフ明けに監督やコーチも「サッカーではああいうことは起こりうることだ。あれはアンラッキーだったけれど、変わらずにお前のことを信頼しているから」と声を掛けてくれた。まあ、1試合出場停止になる間にリフレッシュして、また次に備えられればと考えていたし、たまには外からチームを見るのもいいかなと、気持ちは切り替わっていた。

'11年に僕はJリーグフェアプレー個人賞を受賞している。でも当時、都並さんにこんな言葉で叱咤されたことがあった。

「イエローカードをもらわないことは素晴らしいけれど、結果として、チームの順位はどうなんだ？　優勝し、さらに最小失点での受賞であれば称賛に値するけど、もっと体を張って守れる場面があるんじゃないか。ディフェンスラインの選手がシーズンを通してイエローカードを1枚ももらわないなんて、戦っていない証拠だ」

確かにその年、清水は中位（10位）で終わったし、球際も激しくいってなかったと反省する点が多い。当時はクリーンに守れればいいなと考えていたし、他人任せなところもあった。

オランダに来てからは1対1という局面ばかりで、是が非でも球際で激しくいかなければならない。もちろん、イエローカードをもらってばかりもいられないが、激しいプレーは必要不可欠だ。これまで以上に、強く、激しくいくしかない。

海外移籍して変化したこと

フィテッセでプレーして数ヵ月が経った。振り返ってみると、ここ2、3年は本当にフレッシュな状態で試合をしたことはなかった。移籍をした理由のひとつに、そういう環境を変えてみたいという気持ちもあり、移籍は自分を見つめ直すいい時間になると捉えた。もっとサッカー選手として成功するためには、今以上にストイックになれる環境を自分で作り出さなければいけない。そういった意味で、より自己管理が求められる海外での生活にワクワクしたりもした。

フィテッセでの日々のトレーニングは練習量が限られている。全体練習が終わって「練習してもいいですか？」と言っても許可されない。日本のやり方に慣れていたから、最初は正直戸惑ったというか物足りなさも感じたけど、限られた練習時間の中でいかに自分をあげられるか、そこを意識して臨むようになった。

ただ、練習そのものの負荷は日本以上にかかる。本当に激しいし、だからこそ怪我をするリスクも必然と高くなる。あきらかに欧州の選手に比べると、日本人は体格で劣っているからこそ、中身をしっかりと作っていかなければならない。しかも日本でプレーしていた時のように、「ここが痛いからケアをしてほしい」と細かいリクエストしてもなかなか伝わりにくい。そういったところも自力でやっていくしかないのだ。もともと体には気を使っていたけれど、さらに気を使わざるを得なくなった。

最初の1ヵ月は食事の面でもきつかった。こちらの食事は脂っぽいものが多いし、揚げ物も多くて質も量もバランスよく摂れていなかった。アスリートにとって、食事は本当に重要だ。細かい差なんだけど、動きやプレーにも影響する。今は周囲の方々のおかげでバランスのとれた食事ができているけど、改めて海外で生活することの大変さを痛感した。

オランダに来て変化したことのひとつに、今まで以上にサッカーを観る習慣がついたことが挙げられる。日本にいる時は家にいる時間も少なかったし、時差の関係もあって欧州のサッカーを観る時間が限られていた。でも、今はリアルタイムで観ることができる。自宅にいる時にテレビで中継されていると、ほぼ観ているような気がする。それ以外にすることがないとも言えるけれど（笑）、そんな時、「自分はサッカー選手だなぁ」と改めて感じたりもする。

もちろん、ピッチ上でもいろいろな変化や刺激を日々感じている。昨年までに比べると、パスにしても展開にしても、あきらかにプレースピードが速くなった。そしてとにかくハードだ。屈強なフィジカルなくしては戦えない。これはオランダに限らず世界的に見てもそうだ。そういった感覚は、これまで日本代表として国際試合を経験した時に抱いた感覚だけど、それを練習から感じられるのは、大きな意味があることだ。

実際、海外でプレーしている日本人選手が、インタビューでそんな話をしているのをよく耳にしたり、目にしたりしていた。けれど、オランダに来るまでは正直いまいちピンときていなかった。でも、今はその言葉の意味がよくわかる。海外の選手は体の作りも違うし、間合いも日本の選手とは異なる。フィジカルが重視されている世界のサッカーを日常的に体感できることは、やはり大きい。もちろん、そういった課題を想定して練習することは重要だし、日本にいても自分の考え方次第で、ある程度差を埋められる部分はあるかもしれない。でも、実際にその状況に身を置かないとわからないことが本当に多い。僕は今、自分に一番足りないものを身をもって日々経験しているというわけだ。昨年までは1対1で仕掛けられることはあまりなかったけれど、オランダでは毎日、毎試合、そういったシチュエーションばかりに遭遇する。こういった環境の中でプレーし続ければ、自分は必ず成長できる。そんな手応えも感じている。

オランダのクラブに在籍している選手は若い選手が多いけど、フィテッセもまた、僕が上から2、3番目と若いチームだ。欧米には日本のように先輩と後輩、上司と部下といった上下関係は存在しない。だから、年上の選手が年下の選手を叱咤することもあまりない。仮にそうしたとしても、それ以上の自己主張が返ってくる。ただ、最低限、監督が主張していることで従うべきことがあるのも事実。若さゆえのプレーも目立つし、そこはしっかり指摘していかなければならない。そういった発言に説得力を持たせるためにも、まず、自分がピッチで存在感を出して「あの日本人すごいな」と圧倒できなければ、若い選手はついてこない。自分と若い選手たちの信頼関係が必須となってくる。

最初の半年間は、いろいろな意味で「我慢」が必要になると覚悟はしていたけれど、本当に我慢の連続だった。例えば、ボールが来ないとか、味方と息が合わないことも当然あった。それでも根気よくやり続けるしかない。まだまだ自分のことを完全に把握してもらっているわけではないし、自分のプレーを出しきれているかと問われれば、ＹＥＳとは言えなかっただろう。そういう中で結果を出していけば、さらに良好な関係を構築し、チームの状態も良くなるはず。すべて自分次第。さらにコミュニケーションを増やし、お互いの信頼関係をさらに強固なものにしていきたい。

刺激といえば、2月のあるオフを利用して、1泊2日でミラノダービーを観に行った。満員のサン・シーロ。ダービーならではの独特の雰囲気に僕も興奮した。残念ながら、佑都くんは出場できなかったけれど、本田圭佑くん（ACミラン）が大活躍。日本人がこの舞台で戦っているんだなと思うと、心も体も震えた。テレビやウェブで観るものとはまったく違う目の前に広がる光景に、これまで感じたことのなかった大きな刺激と衝撃を受けた。純粋にこういう場所でプレーしたいなと強く憧れたし、自分も海外で頑張って結果を出して認められたら、そういった場所に少しでも近付けるんじゃないか。そんなイメージを日本にいる頃よりも、より近く、鮮明に、そして現実的に頭の中に描けるようになった。

試合後に僕は、圭佑くんと長い間サッカー談義したけれど、こういったことも自分が海外でプレーするようになったからこそできたことだ。

28歳での移籍

フィテッセに移籍した直後、地元記者によくこんな質問をされた。

「28歳の挑戦についてどう思いますか？」

オランダのクラブは若い選手がメインに構成されていて、将来有望な選手をヨーロッパの強豪クラブに売った移籍金でクラブを運営することが主流となっている。そんなオランダのクラブが、28歳の、しかも日本人選手を獲得するのは非常に稀なケースだ。

でも、僕は自分の中で28歳という感覚がない。気持ちも若いし、体も若い選手に負けないという自信があるからだ。まったく衰えは感じていない。日本でも28歳という年齢での海外挑戦についてよく聞かれたけど、自分の中では、「全然遅くないでしょ!」くらいの気持ちでプレーしているし、「いや、むしろ、これからでしょ!」と恐ろしいくらい前向きだ。だから今も、そしてこれからも、すべてにおいて成長の余地はあると確信している。

横浜FCでプロキャリアをスタートさせ、清水エスパルス、FC東京と3クラブで成長させてもらった。少しずつ積み重ねてきたからこそ、こうして海外でプレーできる自信と勇気を身に付けられた。だから、もっと若い頃に移籍できていれば……と自分は思わない。プロになってからのキャリアにまったく後悔はないし、常に最善の道を歩んできたと断言できる。もちろん、若い選手には積極的に海外に挑戦してほしいと思うし、早く来られるチャンスがあるのならそのチャンスをしっかり掴んでほしい。それで成功できたらなおいいと思う。でも、自分のようにいつクビになるかわからないところからスタートして、頑張って結果を残し、この年齢になって海外へ挑戦するチャンスが来たという選手がひとりくらいいてもいいんじゃないかな（笑）。今こうしてチャンスをもらえたことが自分らしいのかなと思う。それにJリーグでプレーしている同世代の選手たちに対しても、「こういう道もあるんだな」と可能性や道を示すことができたんじゃないかな。レアなケースだけど、それが自分っぽくてすごく気に入っている。そもそも、僕は早熟な選手だったわけでもないし、少しずつコツコツやってきた結果が今に繋がってきたタイプだ。今も積み重ねている過程の段階。また1、2年経った時に、想像できないくらいの立ち位置にいることを自分自身もすごく期待している。フィテッセとの契約は4年半だけど、ここでさらに実力を付けることはもちろん、活躍次第ではその先の可能性も秘めているわけだ。むしろ、そうやってステップアップしていかなければ、自分が海外に来た意味はないだろう。

これから目指していく未来像

自分のスタイルをある程度確立させ、これから目指していく左サイドバックとはどんなものなのか。まずは、さらに攻撃に関わっていくことが必須だ。これまで残したアシスト数、得点数以上に決定機を作り出すチャンスメイクをしてきた。そのチャンスメイクの精度がもっと良ければ、いろんな数字も伸びていたはず。アシストでも得点でもとにかく〝数字〟に対する欲を追求していき、攻撃で結果を残し続けられるような選手になりたい。

最近好きなのは、ブラジル代表のマルセロ（レアル・マドリード）だ。ブラジル人らしいというか、ボールを持った時の技術の高さはもちろん、本当にサッカーを楽しんでいるという姿勢がすごく伝わってくる選手だ。試合中も常に笑顔だし、相手をあざ笑うかのようなフェイントやドリブル、ゴールに直結するプレーも非常に多い。サイドバックにもかかわらず、得点数が多いところも魅力。時々、強烈なミドルシュートやボレーシュートを決める技術や度胸もある。とにかく、マルセロのプレーは観ていて楽しい。「あいつがボールを持ったら面白い」「可能性を感じる」とファンに思わせることはすごく大切なことで、結果を残すことはもちろん、そういう魅力ある選手に自分もなっていきたい。フィテッセのサポーターにも「コウスケがボールを持ったら期待できるぞ」って思ってもらえたら本望だし、まったくサッカーを知らない人が観ても「あいつちょっと違うな」って興味を抱かせることができたら、サッカー選手冥利に尽きる。

10年後の太田宏介は……新たなキャリアをスタートさせているかな⁉

もちろん1年でも長く、少なくとも35歳くらいまでは現役選手としてプレーしたい。最後は日本でプレーできたらいいなとも思っている。

サッカー選手を引退した後は、現役時代とはまた違った自分の人生を作っていきたいし、自分だけではなく、家族もさらに幸せな人生が送れるようにするのが目標だ。それは必ず実現させたいと思っている。もちろん、今はサッカー選手としてさらに成功することが最大の目標だし、そこに全力を注ぐ覚悟だ。

第5章
代表への思い

日本代表を経験して

日本代表は、Ｊリーグ以上に世間の注目度が高く、世代を問わずいろんな方に太田宏介という存在を知ってもらえる場所だ。一度、日本代表を経験しているからこそ、またあの場所でプレーしたい、そこに名を連ね続けたいという思いは強い。日本代表という存在が自分のモチベーションのひとつになっているのは間違いない。

サッカー人生最大の転機と言ってもいいのが'07年のＦＩＦＡ Ｕ－20Ｗ杯（※7月にカナダで開催）だ。当時、所属チームの横浜ＦＣではセンターバックでプレーしていたが、代表ではサイドバックでプレー。代表でのプレーが僕の自信になっていた。Ｕ－20Ｗ杯の代表メンバーに選出されたこともそうだけど、本当に試合に出られると思っていなかった。それだけに、グループリーグ第3戦のナイジェリア戦に先発フル出場することができ、なおかつ、自分の中でも手応えを掴めるようなプレーができたことは大きな自信になった。

当時、同じポジションのレギュラーには安田理大（現名古屋グランパス）、右サイドバックには内田篤人（現シャルケ04）らがいて、自分はまだライバルと言える立場にはいなかった。安田理大はナビスコ杯決勝で点を取りチームに貢献し、内田篤人も当時所属していた鹿島アントラーズでレギュラーとしてプレーし、クラブでタイトルを獲っていた。彼らの活躍は刺激になっていたし、早く肩を並べられるように、「まずは追いつかなければ」と必死だった。あのメンバーの中で実力的に自分が一番下だという現実に気付けたことは良かったと思う。だからこそ、他の人以上に練習したし、体も大きくした。雑草魂じゃないけど、「絶対に負けない」という反骨心が、自分の背中を力強く押してくれた。

プロ3年目になって横浜FCで試合に出られない状況が続いていたけれど、そこで腐らなかったのはU－20W杯で受けた仲間からの刺激があったからだろう。U－20W杯の経験は本当に自分にとってはかけがえのない財産だし、一緒に戦ったメンバーたちの活躍は、当時も、そして8年以上経った今も自分の大きな刺激や励みになっている。あの経験をしていなければ、少し違ったサッカー人生を送っていたかもしれない。みんなの背中を追い続けてきたからこそ、きっと、自分もこうしてチャンスを得られたんじゃないかな。

世界との差を痛感

初めてA代表に選出されたのは、'10年1月のAFCアジアカップ最終予選だった。あの大会はアンダー世代の延長線上というか、若手を主体としていたメンバー構成だったため、真の意味でA代表とは呼べなかった。もちろん、日本代表としての誇りを持って戦うけれど、そういった背景も関係してか、A代表という感覚はあまりなかった。

A代表でのベストゲームは先発フル出場を果たした'14年11月18日のキリンチャレンジカップ2014、対オーストラリア戦。理由は単純に先発フル出場を果たし、なおかつ、2－1で勝利を収めることができたからだ。メンバー的にも比較的主力と言われる選手が揃っている中での出場だったことが大きい。オーストラリアは2ヵ月後のAFCアジアカップで優勝している実力を持つチーム。そういう強豪チームに勝てたことはもちろん大きかったし、何よりも、満員の長居スタジアムの雰囲気がすごく良かった。ピリッとした緊張感もあり、それも含めてすべてを楽しむことができた。また、あの試合では僕と真人、よっちというFC東京メンバーが一緒に出場できたことも印象に残っている。

逆に悔しかったのは同じく'14年10月の国際親善試合、対ブラジル戦。0－4という結果もさることながら、スコア以上の悔しさと不甲斐なさを感じた試合でもあった。厳密に言うなら、悔しさを味わったというよりも、嫌というほど世界との差を痛感させられた一戦になった。「このままじゃダメだ」と危機感を覚えた試合。自分自身はもちろん、日本代表としても。悔しさ以上に危機感を与えてくれた試合になった。

代表で味わった悔しさはそれだけに限らない。メンバーに選ばれながらも1分も試合に出場することができなかったAFCアジアカップ2015もそうだ。

「なんで自分を試合に出さないんだよ！」

誰にぶつけられるわけでもない腹立たしさ。純粋に試合に敗れた悔しさ、そして何よりも自分の実力不足にがっかりした。結果的にアジアカップの1ヵ月の間に試合出場できたのは、セスノックで出場した練習試合のみ。自分自身、そしてすべてに対して形容のしようのないイライラが募った。アジア杯が終わって帰国後、FC東京のクラブスタッフからは「1週間休め」とオフを与えられたけど、「休んでなんかいられない」と休日返上。その足でキャンプを行っている沖縄へ直行した。

何よりもサッカーがしたくてたまらなかったのだ。

再び代表で名を連ねるために

サッカー選手である以上、A代表は憧れであり目標でもある。もちろん、代表に入りたいという思いは常に持っていた。しかし、その反面、実際に自分がそこに名を連ねるまでは、縁のない場所なんだろうなとも客観的に見ていた。だから、'14年8月に（ハビエル・）アギーレさんが監督に就任し、同年10月に4年9ヵ月ぶりにA代表に選出された時は素直に嬉しかった。2011AFCアジアカップ最終予選以来となるA代表。その後、1年ほど代表として過ごしてきた中で、プロ選手とは何なのか、改めて考えさせられた。自分の考え方や取り組み方を、よりポジティブに変化させることができたと思う。後半は怪我に苦しみ、パフォーマンスも決していいとは言えず、呼んでもらえなくなった。

「結果を残せば、また選出される」

招集されるか、されないかは自分次第。呼ばれるために結果を出し続けるしかない。

2015年6月16日、2018 FIFA W杯 アジア2次予選 日本代表vsシンガポール
写真：7044/アフロ

フィテッセへの移籍を決断した理由のひとつに、現在の日本代表の監督である（ヴァヒド・）ハリルホジッチ監督が、海外でのプレーを意識していることも少なからず関係している。もちろん、海外移籍の理由はそれだけではないけれど、欧州で試合に出場して活躍すれば、代表への近道にもなるはずだと考えている。

代表の同じポジションには佑都くんという大きな存在がいる。何年も日本のサイドバックの中心としてチームを支え続け、そして今もトップに君臨し続けている。そんな佑都くんをサッカー選手としても、人間としても尊敬している。佑都くんと比較されることがあったけど、比較されるレベルにまだ到達していない。もちろん、佑都くんとの差を少しでも縮めていつかは越せればという気持ちはある。それが簡単なことではないことも理解している。ただ、佑都くんには佑都くんの良さがあるように、僕には僕の良さがあるわけで、違った良さを出していければいい。ベースに、「他人は他人、自分は自分」という考えがある。だから、誰に対してもあまりライバル意識を持たない。

もちろん、A代表に入るためだけにサッカーをやっているわけではないが、A代表に選出され、そして入り続けたい。まずは、フィテッセで活躍することが最優先。自分自身が成長し、己を研磨することを第一に考えたい。

第6章
みんなへ

所属した全クラブに感謝！

横浜FCでプロ選手としてのキャリアをスタートさせ、清水エスパルス、そしてFC東京、3つのクラブでプレーさせてもらった。

横浜FCでは、高卒で何もわからないところからスタートし、今日に至るまでの土台作りや、人間として重要な部分を教わった。何もかも初めての経験だったから、ピッチ内外でよく怒られ、注意されることも多かった。カズさんを始めとするレジェンドたちからいただいたアドバイスは、今も為になっているし宝物になっている。

清水エスパルスはプロ選手として一人前に、J1リーグでキャリアを積めるようになった最初のクラブだった。太田宏介のプレースタイルを、ある程度確立することができたと思う。サポーターとの距離も近く、熱心に応援していただき本当に感謝している。かなり濃厚な時間を過ごしたからこそ、在籍中は長く感じていたけれど今振り返ると短かったなと思う。

そしてFC東京では、これまで横浜FCや清水で積み上げてきた経験をさらに研ぎ澄ませたいと覚悟を持って臨んだ。移籍した1年目に骨折をしてほとんど試合に出場できず、チームの勝利に貢献できないままシーズンが終了し、翌年はとにかく東京のサポーターに認めてもらわなければという一心でプレーしていた。その他に、監督が代わっていろいろと難しいこともあったりしたけど、フリーキックやコーナーキックのキッカーも務めるようになったり、アシスト数を2桁にのせることができ、プロに入って目標としていたフルタイム出場も達成することができた。そして、日本代表入りも果たした。最後のシーズンに関しては、怪我などもあって悔しさも残ったけど、前年の数字をはるかに上回る結果を出すことができ、こうして海外でプレーするというところに繋がった。

最も長く在籍した東京は選手として一番成長させてもらったクラブだと感じている。年齢的な部分も含めて、自分がチームを引っ張っていかなければならないという意識は強かったし、それが普段の姿勢に現れ、いい方向にも持っていけたと思う。チームの雰囲気が悪い時には積極的に練習を盛り上げるようになったし、それがチームとしても良い結果に繋がっていった。若い選手や比較的おとなしい選手に「もっと積極的にやれよ」とアドバイスできるようになったのも、そうやって周りのことを見られるようになったのも、東京に移籍してからだった。

同じポジションの小川諒也とは昨年、シーズンが終わった後の納会で随分長い時間話をした。チームがサイドバックの選手を補強することは予想していたけれど、諒也が持っているポテンシャルを信じていたからこそ、「僕が抜けた後、お前がちゃんと引っ張っていかなきゃダメだぞ!」と、一応先輩面をかましておいた(笑)。もっとギラギラ感を出してほしいというか、自分が! という覚悟でプレーしないと本当に潰れるという思いを込めて。僕は割と若い選手と絡むタイプだったけれど、諒也に関してはそれに自分で気付いてほしいという気持ちもあって、あえて距離を置き、静観していた部分もあった。

だから諒也がチャンスを掴んだこと、その後、継続して試合に出ていることは本当に嬉しい。「FC東京〝太田後継〟小川デビューへ!」というニュースを偶然見つけた時、「頑張れ諒也!」とツイートしたら、自分のことじゃないのに、諒也のおかげでいろいろな媒体で扱ってもらえて(笑)。あいつが「宏介くんのプレーをずっと見てきた」とコメントしてくれていたけど、自分のことを見てくれていたんだなと知った時はすごく嬉しかった。しかし、ここからが正念場というか、試練が待ち構えていると思う。もちろん、諒也ならもっとやれるだろうし、やってほしいとも思う。僕は期待している。

諒也のように若い選手が試合に出て活躍すると、「嬉しいな」と兄貴心がちょっとくすぐられる。そんな新しい感情に出会えたのも、実はごく最近だ。プレーだけではなく、そういった意味でもひとつ、ふたつと人間的にレベルアップさせてくれたのは、間違いなくFC東京での4年間だった。東京はさまざまな面で大人にさせてくれたクラブだった。

FC東京サポーターへ

FC東京といえばサポーターの存在が何よりも大きかった。チームとサポーターとの距離が近く、練習見学に来てくれるファンも本当に多かった。練習場に6番のユニフォームを持って来てくれる方も増え、本当に僕はみんなから応援されているな、愛されているなと実感していた。

スタジアムでの東京サポーターのあの応援は大きな力になったし、何よりも心地良かった。対戦相手の選手にも「本当に東京のサポーターっていいよね」とよく言われた。一体感があって誇らしかった。正直、FC東京が対戦相手として戦っていた頃はあまり好きじゃなかったけれど（笑）、味方になってからはすごく頼もしいし、あの声援が自分たちの後ろについてくれていると思うと、心強かった。

東京での最後の試合となった、天皇杯準々決勝サンフレッチェ広島戦には多くのサポーターが試合会場の長崎まで足を運んでくれた。チームにとっては'15年の締めくくりとなったこの試合で敗戦し、しかもこの試合を最後にクラブから去る自分に、サポーターはいつまでも「コウスケコール」を続けてくれた。時間にして10~15分間くらい。あれはなかなかない光景だ。東京サポーター、ファンの方々の前でプレーできたこの4年間は本当に幸せな時間だった。

唯一、みなさんの前で挨拶できなかったことが心残りだったが、オランダへ旅立つ日、成田空港まで見送りに来てくださったファン、サポーターの前で挨拶をさせてもらえる機会があったことは良かった。わざわざ正月休みの1月3日から多くの方々が自分のために見送りに来てくれて、改めて東京のファン、サポーターのことを誇りに感じた。その光景は一生忘れることはないだろうし、忘れてはいけないと思っている。

今回の移籍に関しておそらく、サポーターの中には複雑な思いを抱いていた人もいたと思う。そういった中で、サポーターの植田朝日さんがいち早く僕に歩み寄ってくれた。朝日さんもいろいろ思うところはあったと思う。移籍報道が出た時には、「宏介のような選手は、日本人を探しても他にいないし、唯一、代えのきかない選手だから絶対に行くなよ」と言われて。そんな熱い言葉を掛けてもらうことなんてなかったからすごく嬉しかった。

ファンやサポーターの方々の応援がなかったら、今、きっとこういう場にも来られていなかっただろう。そういう意味でも、本当に感謝という言葉に尽きる。

FC東京にとっての自分の存在

自分にとってFC東京はかけがえのないクラブだったけれど、FC東京にとって僕はどんな存在だったんだろう。いい意味でも悪い意味でも、影響力を与えられたかな。怪我などもあった中で、試合前日に合流し、試合だけ出場して中日は休んでということも多々あった。それでも試合に出ることを周りに納得させるというか、そういった姿勢はピッチ内外で見せてきたつもりだ。練習を盛り上げたり、若い選手を鼓舞したり、ベテラン選手と若手選手の繋ぎ役になったり、相談に乗ったり……。そう考えると、悪い影響は与えてないいな。いい影響ばかり？（笑）

とにかく、上から下までいい関係が築けていたと思う。だから移籍の話が出た時も、みんなすごく喜んでくれて。正直、引き止める声も欲しかったくらい（笑）。でも、「コウちゃんにはオランダで頑張ってほしい！」とエールを送ってくれたことは心から嬉しかった。自分が東京でやってきたことは間違いじゃなかったんだなって、そう確信できた。

フィテッセでプレーする今も、東京のことはいつも気になるし、試合を観ることもある。毎試合勝ってほしいと心から願っているし、チームのみんなには、たくさんのファン、サポーターを喜ばせ、多くの方々の期待に応えてもらいたい。もちろん、僕もみんなの活躍に負けないプレーを見せていくつもりだ。

自分次第で人生は変えられる

僕にとってかけがえのない兄、そして母へ。

ふたりには常に直接伝え続けているけれど、本当に感謝しているし、この家族でなければ、今の自分は絶対にいなかったと思う。

中学3年の時に両親が離婚して、母と兄と僕がアパートに引っ越し、その当日、将来の夢を話したけれど、それをひとつずつ実現していけているのは、言葉にできないほどすごく嬉しいし、充実感もある。
兄と僕、ふたりが一生懸命頑張って、それぞれの目標を実現させた時、「太田家の本ができたらいいね」なんて、ちょっとした冗談で語っていた夢がこうして実現できたことも、ものすごく感慨深い。もちろん、世の中を見渡した時、自分たちと同じように、または太田家以上に苦労している家庭はあるだろう。ただ、こうして自分たちが目標を持ち、そこに向かって頑張り続ければ親を幸せにすることができるということを証明できたんじゃないかなとも思う。そういうものを励みにと言ったら、上から目線になってしまうけど、この10年で、人生は自分次第でどうにでも変えられるということを身をもって体験したからこそ、この本を読んでくれている人にも気付いてほしいなと純粋に願っている。

太田宏介という人間は、周りの人に助けられながら生きている。素晴らしい人生を送ることができているのは、その時出会った人たちを大切にしているからだ。周りの人たちを大切にすれば、いい人間関係を形成することができる。そういった人間関係はひとりの人間としても成長するためには非常に重要で、人と向き合う姿勢はこれからも変わらず真摯であり続けたいし、そうでなければと考えている。人に恵まれることはなかなか簡単なことではないかもしれないけれど、人との繋がりは自分で作っていくもの。そのためにも、自分の周りにいる人たちのことは大切にしてほしいし、感謝の気持ちを忘れないでほしい。

僕にとって、これまで自分に関わってくれたすべての人、そして応援し続けてくれるファン、サポーターの方々への恩返しは、やっぱりピッチで結果を残すことに尽きるだろう。どんなに苦しいことがあっても、大きな壁が立ちはだかったとしても、そこに立ち向かっていく強さ、そしてピッチで結果を残し続けるところを見せていきたい。そして10年後、20年後の自分に誓う。これからさらに変化を遂げ、今は想像できないくらいスケールアップした太田宏介の姿を手に入れることを。さらに成長した自分自身の姿を心から楽しみにしているし、期待している。

太田宏介の人生はまだまだこれからだ！

10年後の自分へ。

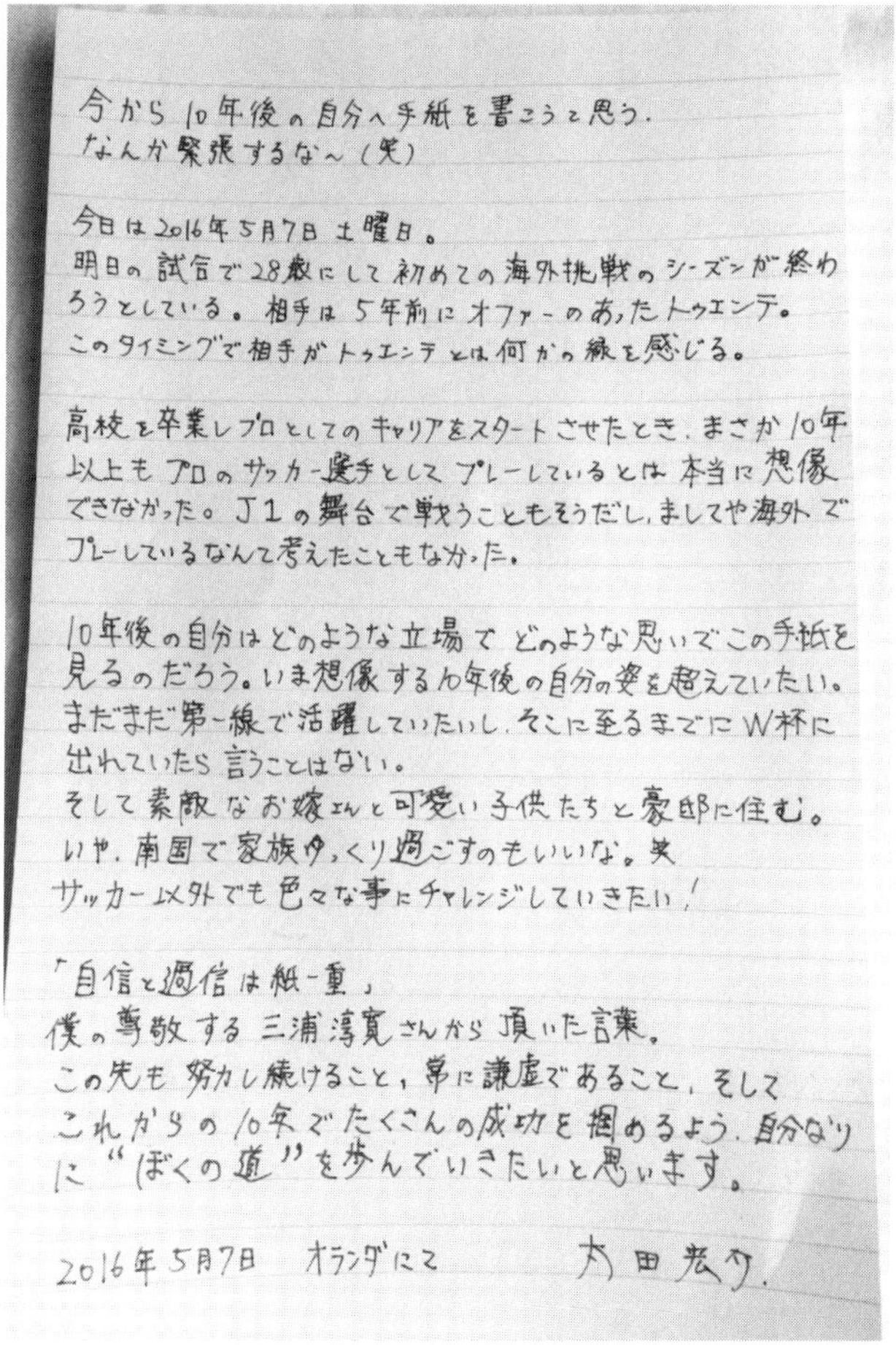

今から10年後の自分へ手紙を書こうと思う.
なんか緊張するな〜(笑)

今日は2016年5月7日 土曜日。

明日の試合で28歳にして初めての海外挑戦のシーズンが終わろうとしている。相手は5年前にオファーのあったトゥエンテ。

このタイミングで相手がトゥエンテとは何かの縁を感じる。


高校を卒業しプロとしてのキャリアをスタートさせたとき.まさか10年以上もプロのサッカー選手としてプレーしているとは本当に想像できなかった。J1の舞台で戦うこともそうだし.ましてや海外でプレーしているなんて考えたこともなかった.

10年後の自分はどのような立場でどのような思いでこの手紙を見るのだろう。いま想像する10年後の自分の姿を超えていたい。

まだまだ第一線で活躍していたいし.そこに至るまでにW杯に出れていたら言うことはない。

そして素敵なお嫁さんと可愛い子供たちと豪邸に住む。

いや.南国で家族ゆっくり過ごすのもいいな。笑
サッカー以外でも色々な事にチャレンジしていきたい!

「自信と過信は紙一重」
僕の尊敬する三浦淳寛さんから頂いた言葉。
この先も努力し続けること,常に謙虚であること.そして
これからの10年でたくさんの成功を掴めるよう.自分なりに"ぼくの道"を歩んでいきたいと思います。

2016年5月7日　オランダにて　太田宏介.

さいごに

こうして、自分が生きてきた28年間を振り返ると、本当にいろいろなことがあったんだなと、改めて感じる。

両親の離婚、兄、母との3人での生活、そしてプロサッカー選手になるという夢を実現したこと、三度の移籍、日本代表になれたこと……。普通の人がなかなか味わうことができないことを良くも悪くも経験した。そして、それらすべてが自分の財産となっている。

今回この本を出版するにあたり、幼い頃の記憶を紐解き、時間をかけてじっくりと自分の人生を振り返る機会に恵まれた。頭に浮かんでくるのは、どれもサッカーのことばかりだ。学生時代の思い出も、サッカー仲間との思い出が先行する。僕の人生は、サッカーと共に歩んできたんだなとしみじみ思う。

決して豊富な人生経験があるわけではないが、それでも28年の歴史がある。忘れていた記憶が蘇り、懐かしい思い出にも浸った。すべてが上手くいったわけではないけれど、人生を楽しめたという感覚もある。そしてその中で気付いたことは、〝今を懸命に生きること〟の大切さだ。

「もっとこうしておけば良かったな」

過去にそういった苦い経験も味わったからこそ、そのキャリアを反面教師にし、成長へと繋げることができた。

また、何かを決断しなければならない局面と対峙した時、直感を信じてきた。その選択は間違っていなかったと胸を張って言える。だからこそ、ここまでやってこられたのだと。

そうした直感は、これから先の人生でも大事にしたい。

オランダへと旅立ち、早いもので6ヵ月が経過した。リーグ途中に加入し、チームもなかなか結果が出ない状況の中で、我慢を強いられ、初の海外生活に悪戦苦闘もした。ようやくオランダのサッカーにも生活にも慣れ、次の1年が本当の意味で〝勝負の年〟になるだろう。そう考えると、さらに身が引き締まる思いだ。

'16－'17シーズンはフィテッセで躍動し、毎週、日本にいるみなさんのもとへいいニュースが届けられるようにしたい。だから、太田宏介のことを忘れないでください（笑）。いや、忘れられないような活躍を見せます！

そして、7月の誕生日が来ると29歳。ついに20代最後の年を迎える。

清水エスパルス在籍時の'10年、伸二さんが移籍し、記者会見で話していた言葉、「30歳。男はこれからというのを見せたい！」。あれから5年。自分もその年齢にあと1年と迫った。伸二さんと僕がそれぞれ過ごしてきた時間やキャリアはまったく異なるけれど、伸二さんのあの会見での言葉に、妙に説得力を感じる。

「30歳ってまだまだ若いな。僕もまだまだやれる！（笑）」

書籍化にご尽力いただいたぴあ株式会社の方々、マネジメント業務をしてくれている株式会社よしもとクリエイティブ・エージェンシー、僕が在籍した横浜FC、清水エスパルス、FC東京で出会ったスタッフ、選手、サポーターのみなさん。そして、僕の支えとなってくれる仲間やいつもそばで見守ってくれている母と兄に、この場を借りてお礼の言葉を伝えたい。

この本でも何度も繰り返しているけれど、僕は本当に周りの方々に恵まれた人生で、関わってくれたすべての方々に思い入れが強い。本当に感謝の言葉しかなく、みなさんとの絆はこれからも続いていくものだと確信している。

10年前、今を想像できなかったように、これから10年後、また違う太田宏介の姿をお見せすることを約束するとともに、少しでもサッカー選手としての恩返しができるよう、精進していきたい。

自分ができる恩返しとは何なのか——。

まずは戦う場所がどこであろうが、そこで活躍し続け、結果を残すこと。そして、2年後の'18年ロシアW杯に出場すること。30歳で迎えることになるW杯。日本代表に選ばれることはもちろん、W杯の舞台に立ち、チームの勝利に貢献することが、自分に関わるすべての方々への恩返しになるはずだ。もちろん、僕自身もそれを強く望んでいる。その舞台に真人、よっちと一緒に立つことができたら、どれほど幸せだろう。

とにかく、まずは自分自身が頑張らないといけない。

そして改めて、僕に関わるすべての方々、ファン、サポーターのみなさま、そして一番強く深い絆で結ばれている家族へ……。

「感謝！」

2016年6月　太田宏介

ぼくの道

2016年6月15日　初版第1刷発行

著　　者　太田宏介

協　　力　株式会社よしもとクリエイティブ・エージェンシー／
東京フットボールクラブ株式会社／
株式会社SOMEDAY／株式会社SARCLE／ポリバレント株式会社／
町田市立南つくし野小学校／安彦考真／
太田祐子／太田大哉（株式会社ダイヤコーポレーション）

装　　丁　小島正継（株式会社graff）
構　　成　石井宏美
撮　　影　千葉格（カバー）
京介（P144～154）
山田大輔（プロフィール写真）

発 行 人　木本敬巳
編　　集　門脇真美
発 行 所　ぴあ株式会社
〒150-0011　東京都渋谷区東1-2-20渋谷ファーストタワー
☎03-5774-5352（編集）
☎03-5774-5248（販売）
印 刷 所　凸版印刷株式会社

本書の全部または一部を無断で複写・複製することは、著作権法上の例外を除き、禁じられています。乱丁・落丁本はお取替えいたします。ただし、古書店で購入したものについてはお取替えできません。

©太田宏介/吉本興業2016　©PIA

2016 Printed in JAPAN　ISBN 978-4-8356-2886-8